从象雄走来

金书波 著

中国工信出版集团

人民邮电出版社
POSTS & TELECOM PRESS

从象雄走来

金书波 著

人民邮电出版社

北京

图书在版编目(CIP)数据

从象雄走来 / 金书波著. -- 北京:人民邮电出版社,2025 -- ISBN 978-7-115-66425-9

I. K289

中国版本图书馆 CIP 数据核字第 2025A9J607 号

内容提要

本书分为向象雄走去、从象雄走来、说不尽的古格、古道话沧桑、走在探寻的路上五部分,讲述了神山冈仁波齐、圣湖玛旁雍错、象雄的故事和传说、古老岩画中透露出的象雄人的生活场景、象雄人的精神家园苯教、象雄王国的都城穹窿银城、传奇王朝古格的兴衰、古格王朝留下的艺术殿堂、大唐 – 吐蕃 – 天竺古道、大唐刻石与王玄策,以及象雄的政体及其疆域、文字、交通等内容。书中配有作者实地拍摄的 300 余幅图片,以图文并茂的方式还原了一个遥远而神秘的象雄,让读者足不出户即可进行一次深度的西藏历史文化之旅。本书以丰富的文物和史料证明了西藏自古以来就与祖国内地有着密切的联系,证实了藏族人民在参与中华民族形成和发展的进程中所做出的历史贡献,对于今天铸牢中华民族共同体意识具有特别重要的意义。

著	金书波	印刷	北京启航东方印刷有限公司
责任编辑	徐端端	开本	700×1000 1/16
责任印制	周昇亮	印张	18.5
出版发行	人民邮电出版社	字数	239 千字
	地址:北京市丰台区成寿寺路 11 号	版次	2025 年 4 月第 1 版
	邮编:100164	印次	2025 年 4 月北京第 1 次印刷
	电子邮件:315@ptpress.com.cn		
	网址:https://www.ptpress.com.cn	定价	106.00 元

读者服务热线:(010)81055296   印装质量热线:(010)81055316   反盗版热线:(010)81055315

金书波，男，汉族，1953年10月生，北京人，毕业于北京师范大学历史系，曾长期在西藏工作，现任北京建藏援藏工作者协会会长。

再版序

《从象雄走来》自 2012 年出版至今已 12 年时间。在这十余年时间里，"象雄"成了一个热名词，谈论象雄的人多了，关心象雄的人多了，研究象雄的人也多了，大有百家争鸣之气象。在这个大气候下，象雄研究又有了不少新发现。尤其是对阿里的大规模考古发掘，诸如对革吉县梅龙达普古人类洞穴遗址、古如加木墓葬遗址、穹隆银城遗址、曲踏墓地等的发掘，一批陶器、青铜器、丝绸布料、金面具和天珠的出土以及"羊同与吐蕃招慰使印"的出现等，正在一层又一层地揭开象雄神秘的面纱。

该书出版后，我仍继续追寻，做些实地调查和研究工作。2013 年和 2016 年，我又两次走进阿里，对穹隆银城另一个遗址，也是当地人认为是第一遗址的威卡尔麦隆，以及曲龙甘丹拉孜寺、益日寺、皮央洞窟等进行考察，基本确认了穹隆银城的第一遗址，同时请专家对在穹隆银城发现的石刻和在甘丹拉孜寺发现的古藏文文书进行了初步解读。2018 年，我在《中国国家地理》杂志第 12 期上发表《十年寻访，象雄故都穹隆银城究竟在哪里？》；2020 年，又在《西北民族论丛》第 20 辑上发表《关于象雄遗址、石刻和历史文书的几点认识》。这两篇文章梳理了我对象雄文明最新的实地考察情况，有关内容也趁此次再版收录书中。

这些年，我一直在思考以下三个问题。

第一，象雄文明的界定和学科建设。象雄，是一个神秘莫测的词语，至今没人能够对其含义作出权威的解释。但种种迹象表明，象雄文明无疑是中华文明的重要组成部分，也是世界文明的源头之一。尤其是以苯教为代表的宗教文化和以神山圣湖为代表的民俗文化对世界是有贡献的，虽还不能确定其是各大宗教之源，但其对佛教、耆那教、印度教乃至道教的影响是显而易见的。因此，有必要对象雄文明加以确认和界定，并在此基础上建立象雄文化学科，内容包括史前文化、考古学、人类学、历史学、民族学和文化、艺术、宗教等多个方面。举起象雄文明的大旗，也是文化自信的体现。

第二，冈仁波齐神山应该就是我们世世代代苦苦寻找的古代典籍中的昆仑山，加强对神山圣湖乃至是狮泉河、象泉河、马泉河和孔雀河四大河流域的研究意义重大。这个广大的区域是佛教、耆那教、印度教等几大宗教最神圣的场所没有疑问，其实也是我们历代帝王、仙人、僧侣和民众所推崇的神圣场所，只是由于山高路远、高寒缺氧，一般人难以到达，才造成扑朔迷离的感觉，以致寻找了若干世纪也寻而不见，留下很多遗憾。现在条件好了，公路、航空都通了，实地调查成为可能。佛教的须弥山就是人们常说的极乐世界，藏语称之为香巴拉，西方因为小说《消失的地平线》又称之为香格里拉。实际上历史上已经有人注意到了，《拾遗记》就曾指出"昆仑山者，西方日须弥山"。天柱山、不周山都是冈仁波齐所具备的基本特征，没有第二。史籍上所指的方位也是西北，老子出关、周穆王西巡、王母娘娘所居，以及《山海经》《竹书纪年》《淮南子》《穆天子传》等关于昆仑山的表述都与这个区域有关，只是太过遥远，不能亲眼见识，才出现忽东忽西，一会儿在大山之上、一会儿又在海里边的传说。我倒觉得，组织有关专家学者实地查看很有意义，把我们的成果带着与实地进行比对，一定会有"一览众山小"的感觉。

第三，把西藏段纳入丝绸之路重要通道和区域加强研究。阿里出土的一批丝绸，以最直接的实物证明了丝绸在西藏西部的流通，1800 年前的茶叶实物把西藏的茶叶史往前推了500 年，《大唐天竺使之铭》石刻是大唐使者经过西藏时亲自镌刻的，这无一不证明西藏自古以来就是丝绸之路的重要组成部分。文成公主从这条道路自东向西到拉萨，尼泊尔尺尊公主沿着这条道路自西向东到拉萨，这是一条大唐经吐蕃到天竺的通天大道，是值得大书特书的。以大唐使者王玄策经西藏到天竺为主要内容的电视连续剧《大唐御史传奇》讲的就是文成公主进藏前后的故事。如果把这条大道再拍摄成一部纪录片，应该既精彩又有重大意义。

在这里，我要衷心感谢马丽华、张云两位老师在百忙中帮助审定书稿，感谢瞿跃飞老师为封面设计提出宝贵意见，也感谢为再版做出努力的各位策划、编辑和各方朋友！

以此作个开篇，下面让我们一起再次走进象雄的世界！

金书波

2024 年 5 月 24 日于北京

走进象雄，是我许久的向往。

多少年来，人们对藏西北一片被称为"阿里"的土地知之甚少。或者是在李狄三、孔繁森的英雄事迹中知道这个地名，或者知道那里有着神山圣湖、土林奇观，或者听说过古格王国的传奇故事，大抵如此而已。人们仿佛遗忘了，在这片苍凉、神圣、壮美的土地上，在这个处于多重文化交汇地带的重要区域，还曾有一个在人类文化史上有着举足轻重地位的象雄。

象雄，不仅是一个强大的王国，一种久远厚重的文化，也是一种影响至今、难以磨灭的精神气质。而这种精神气质，是与青藏高原的浑厚、博大、包容融为一体的。可是，在这个越来越物质、喧嚣、功利的时代，对一切事物的判定都是有"标准"的。按照这个标准，象雄正在像一个传说般远去。无论在藏地民间，还是在专家学者的著作中，象雄都是那么遥远，语焉不详，混沌如蒙昧世界。

而今，学者们对象雄的研究大多还是在围绕古代典籍中的寥寥记载而进行。在这些汉藏典籍的记载中，给我们传递了这样的信息：象雄乃古代青藏高原西部、北部的一个王朝，它甚至早于吐蕃王朝而存在，其影响不仅达于内地、西域诸地，还到达中亚、西亚、南亚诸国。象雄是大鹏鸟的故乡，也是英雄横空出世的年代。据说这里曾经有过 18 代鹏王，其图腾为大鹏鸟，藏语称为"穹"。他们创立的古老宗教苯教至今仍有影响。

遗憾的是，这 18 代鹏王并未留下太多的传说，甚至，要弄清他们的名字都是穷经皓首而不能。伴随着吐蕃强盛的铁骑，一片血腥在高原弥漫，强大的象雄灰飞烟灭……历史赋予胜利者书写的权利。于是，在之后久远的年代里，大鹏展翅的象雄王国离我们远去。就连藏文化越来越热的今天，象雄依然清冷得只存活在部分专家学者的书桌上，如阿里高原上亘古的雪山，扑朔迷离。

而我走近象雄的缘起，可算偶然。2007 年 10 月，在从申扎县前往尼玛县途中，我听当地一位同志讲述了一个发生在象雄时代的故事。草原上有一支所向披靡的勇猛军队，因为带队的将军中了敌人的美人计误饮毒酒，结果全军覆没。在一个静谧湖边的山崖下，留下了 108 座坟茔。山崖是红色的，湖水是淡蓝色的，中计而亡的将士们枕着山梁、听着湖水，长眠于此。出于好奇，我在夕阳西下的时候，驱车来到这个湖边。碧绿的湖水如玉一般宁静，不高的山坡上经幡招展，坡的下边、湖的西侧，一座座坟墓列成方阵，井然有序。最西边有两座稍大的墓，据说是那位中美人计的将军和夫人的墓。仔细观察，在墓地旁还依稀可见石砌的地基。历史常识告诉我，这里很可能并不是什么战场，而是军营或者村落。那个时候到底发生了什么，可能成了永久的谜，但这个故事和湖边的墓葬群却留在了我的脑海里。这次经历勾起了我对象雄的向往：那美丽、恬静的湖水下，那残酷的战争烽火中，是否真藏有通往象雄王国的密钥？象雄真的是一个鲜为人知的秘境吗？而失落已久的象雄王国都城——穹窿银城又在何地呢？

我开始翻阅大量与象雄有关的书籍，可书中的记载总是简练而模糊。而且，那些来自遥远汉地史官的记载，可信度也有所降低。苯教典籍的记载出于宗教的需要，也不那么完全可信。关于这一点，我同意瑞士藏学家米夏埃尔·亨斯的观点。他认为，对于历史上前佛教时代的象雄王国，一切的文字记述或推测假定都完全建立在大量苯教典籍和其他西藏文献的基础之上。总的说来，这些材料都缺乏现代意义上对真实地点的准确的地理学和地志学描述。

是的，问题就在这里。要了解象雄，走近乃至走进象雄，第一件要做的事，就是到阿里去，到那片无边无际的荒原上，去土林的深处，去河流的尽头，去寻找那些残破的洞穴，去攀爬那些高高在上的遗址，去呼吸象雄的空气……我是这样想的，也盼望这样去做。

事也凑巧，这几年我有机会多次前往阿里、那曲、日喀则等地，每次去多则一两月，少则十数天。就这样，在茫茫高原之上，在象雄王国曾经的土地上，我走的路越来越多，接触的人越来越多，所见所闻越来越多，随之疑问和思索也越来越多，寻觅的足迹便从此而始。

在我的面前，座座雪山，条条江河，还有一处处散落的遗址，构成了一幅庞大而深邃的象雄文化地图。面对无数的发现，我深感自己的知识浅薄。但在一次次的寻觅与触摸之中，我真切地感受到了象雄的存在。要破译象雄的文化密码，我自知并不能胜任，但责任感和好奇心还是驱使我不知深浅地往前走下去。

大约是古老图腾象雄大鹏鸟的眷顾，我的寻觅收获颇丰。一座座雄奇的雪山总在我经过时拨云见日，一条条青碧的河流蜿蜒曲折，似在指引我寻找的方向。循着雪山河流的启示，我和朋友们一次次细细翻看古如加木寺等地出土的丝绸与青铜、陶器等，并来到神奇的土林深处，在一个个令人惊叹的洞穴遗址前驻足。剥落的绝美壁画，荒草中的千年古道，堪与飞天媲美的曼妙龙女……甚至，令我没想到的是，我们还几次攀爬上了象雄故都穹窿银城，它那磅礴欲飞的气势、无可度量的高贵，都让我深感自身的渺小与下笔的无力。

行走是艰辛的，起早贪黑、夜半投宿，在海拔四五千米的地方行走还不算吃力，而往上的攀爬则不断考验着人的意志和体力。行走是快乐的，在龟裂的荒原上有野马同行、仙鹤为伴，在日月同辉的天空下举杯畅饮、载歌载舞。同时，我的行走也是迷茫的，我一次次问自己，这些穴居的遗址、精美的壁画、千年的古道、傲立的雪山究竟与象雄有多大关系？我足下是真正的象雄吗？我眼前的王城真的是笃定无疑的象雄国都吗？

作为一个非专业人士，我很难给出"是"或者"不是"这样确定的答案。在本书的写作过程中，我一直忐忑而犹豫，不知道自己工作之余在高原荒野和书本经卷之间的行走与找寻是否真有价值，而这些时而啰啰唆唆、时而如流水账一般的文字又怎么能够表述象雄的博大雄奇？

后来我释然了。无论向象雄走去，还是从象雄走来，都是多么神奇而美好的事情。在这片苍茫灵性的高原上，有看不见的大鹏鸟在展翅高飞，有听不到的英雄史诗在世代传唱，有触摸不到的四方神灵在护佑藏家儿女。我的脚步为寻找象雄而去，我的思考与写作也只为寻找心中的象雄。曾经发生的历史早已无法复原，我所能记录的只能是自己的足迹，如此而已。因此，索性便随意地写，想到哪里便写到哪里，看到什么便写什么，思考不求精深，图片不求专业，文稿不求严密，但写的都是我所知所见、所思所闻的象雄。

心为之动，神为之夺，这样的过程，比什么都美。

有缘看到此书的你，能和我结伴走近象雄吗？

金书波

2012 年春于西藏阿里

目录

象雄的土地，是千山之宗，万水之源。

进入象雄，必要循着河流的方向，必要靠着山脉的指引。

冈仁波齐是世界性的"神灵之山"。陪伴它的，是辽阔晶莹、美如其名的玛旁雍错。

假如我们能穿越到一千多年前，会在玛旁雍错湖边邂逅一位美丽的女子。她的名字叫萨玛噶。

她的哥哥，是赫赫有名的松赞干布。她的丈夫，是英武非凡的象雄王

根据史料记载，她并不幸福，强大的象雄王国之所以灭亡，起因也是她。

但是，循着萨玛噶的歌声，我们就能进入那时的象雄。

向象雄走去

这是阿里境内海拔最高的依贝岗美雪山，海拔 7756 米，它的圣洁美丽这一刻定格在相机的镜头里。

千山之宗，万水之源

水是生命之源。进入象雄，必要循着河流的方向。

而河流，却总是发源于山脉。

阿里境内有数不清的神山雪峰，最有名的则非冈仁波齐莫属。冈仁波齐是冈底斯山的主峰，巍然屹立在阿里普兰县境内。有书中说它俗称雪灵山，怀疑有什么典故，但不得而知。其实，"冈底斯山"这四个字就是藏、梵、汉三种文字的混合："冈"的藏语意思是雪，"底斯"的梵语意思也是雪，"山"这个汉字就不用解释了，合起来还是雪山的意思。作为冈底斯山的主峰，冈仁波齐的海拔一般说6638米，也有6656米、6714米之说。不过，海拔对冈仁波齐来说其实并不重要，因为它的美丽和神奇与海拔并没有必然关系。冈仁波齐的峰顶终年冰雪覆盖、白云缠绕，经过时若能看到峰顶，通常会被认为是吉兆。据《冈底斯山海志》记载，著名的佛教大师杰尊·达孜瓦曾对冈仁波齐有如下描述：

冈仁波齐形如橄榄，山尖如刺、直插云霄，连蓝天都刺破了。山峰南面朵朵白云，似向山峰匍匐朝拜，山身如水晶砌成，透亮发光。当日月的光芒照射到冈仁波齐，就会反射出奇异的光芒，并从山的颈项流出清泉，如仙乐般动听，而山脚下的绿草繁花也如同彩裙一般美丽。在高大的冈仁波齐身边，有大小不等的雪峰环绕，就如同婀娜的白衣少女顶礼致意……

当然，这些并非是冈仁波齐著名的原因，西藏美丽的雪山实在太多了。最重要的是，作为神山，冈仁波齐是世界性的，它被印度教、藏传佛教、苯教以及古耆那教认定为世界的中心，在藏语中意为"神灵之山"，

不同位置和角度拍摄出的神山冈仁波齐。冈仁波齐是世界性的『神灵之山』，但就算撇开宗教因素而言，杰尊·达孜瓦的描述也堪称美文，颇能呈现冈仁波齐之情态。冈仁波齐的确是一座非常美丽而且易于辨认的雪山，扑朔迷离中透出不可思议的雄奇与神秘，在阳光照耀下光芒四射，灿若王冠，金字塔一般的山形排列着层层登天的阶梯，直插云霄，不由让人浮想联翩……

19

而在佛教中则是最著名的须弥山。苯教徒称冈仁波齐为"九重（万字）山"，相传有苯教的360位神灵居住在此，祖师辛绕米沃便从天降落在此。冈仁波齐在梵文中意为"湿婆的天堂"，传说印度教里三位主神中法力最大、地位最高的湿婆，便居住在此山中。而耆那教则称冈仁波齐为阿什塔婆达，即最高之山，被视为耆那教创始人瑞斯哈巴那刹获得解脱的地方。那么，山上是否有佛教中的"卍"字呢？我找了一些不同时间的照片比对，虽然不真切，但完全可以把它想象为佛教中的"卍"字，因为山上的雪量是随时变化的。特别是纵向的条沟和横向的岩层，构成了比较完美的"十"字。在某个时点上，雪被风从不同角度吹，并借助随时变化角度的太阳照晒，出现"卍"字形的可能是存在的。加上信徒们心

认识高原要摆脱思想上的局限，且不说几千年前的高原大地如何葱茏富庶，就算现在，高原处处都有植被丰富、水草丰美的所在，不仅是野生动植物的乐园，也是灵魂歌唱的地方。

中的崇拜，它就是个"卍"字山。

或许正因如此，千百年来，来自印度、尼泊尔、不丹及我国各大藏族聚居区的朝圣者风雨兼程，艰难跋涉前往转山。他们认为，一生中只要到神山朝圣一次就算完成一件重要的善功。据说，朝拜冈仁波齐，转山一圈可洗去一生的罪孽，转十圈可在轮回中免去地狱之苦，如果转上一百圈则在今生便可升天成佛。久而久之，在神山西侧的一块空地上，形成了一个传统的节日——塔尔钦盛会（即拉萨地区的萨嘎达娃节）。每年的藏历四月十五日，这里都要举行竖大经幡活动。人们从四面八方涌到这里来，观看竖经幡仪式，并围绕神山转经。2011年，我有幸观看了竖经幡的全过程，两万多人云集在此，场面蔚为壮观。仪式由当地熟悉宗教仪轨的德高望重者主持，且师徒代代相传，具备相当的"专业性"。果然，随着主持者的一声号令，33米长的经幡拔地而起。那一刻，感觉心都要提到嗓子眼了。定睛看时，高大的经幡已巍然屹立，人们欢呼雀跃，将无数的哈达抛向经幡，把一把把青稞面、风马旗撒向天空……经幡竖起之后，用四根钢丝绳和十根牦牛毛绳将其固定，并用巨大石块把根部砌牢，直到来年。仪式结束后，人们开始转经，据说一般要转至少三圈，有的则更多。转经道上，有大小12座寺庙，也是要参拜的。围绕冈仁波齐神山转一圈大约52公里，普通人一天也就能走一圈。而每逢佛祖释迦牟尼诞生的马年，朝圣者更是蜂拥而至，因为传说马年转山，转一圈等于13圈，会额外增加12倍的功德。也有另一种说法，就是米拉日巴大师当年在冈仁波齐与纳若本琼斗法便是马年，后来人们将藏历马年作为米拉日巴大师与纳若本琼斗法胜利的纪念之年，因此信徒选择马年转山。

可以想见，这是一座众多神灵护佑的神山，是神话故事发生的地方。

看到这里，也许不少人会觉得难以置信。曾有一位痴迷西藏的朋友问过我：西藏被称为"雪域高原"，林立的雪山如此众多，比冈仁波齐高

的很多，比冈仁波齐美的也不少，为什么独独冈仁波齐拥有这样崇高的地位呢？或者，换一种说法，为什么拥有如此崇高地位的神山偏偏位于如此偏僻苍凉的阿里地区呢？

　　要解开这个谜团，我们恐怕首先要打破思想上的局限，让自己回到几千年前的高原大地。

　　现在，在电脑的卫星地图上，我们可以看到阿里地区位于青藏高原最西部，全境为喜马拉雅山、喀喇昆仑山和冈底斯山所环抱，北面不远就是新疆的戈壁沙漠，东南面则是荒凉至极的藏西北无人区，西南面分别与克什米尔、印度和尼泊尔王国接壤，长长的边境线上高山林立、雪山点点，说这个地方封闭、荒凉似乎并不过分。唯一令人感到眼前一亮的，便是片片碧蓝的湖泊，条条蜿蜒悠长的河流。

　　不过，如果能看到公元前的卫星地图，我相信一定不是今天的模样。茫茫的青藏高原，在五亿年到四千万年前，曾经是一片汪洋大海，这早已被地质学界证实。在西藏各处，都有大量海洋生物化石出现，特别是在日喀则地区定日县珠穆朗玛峰一带，海洋生物化石极多，人们将这些化石包装在精美的盒子里，成为馈赠的礼物。沿途各处也有不少孩童向远方的游客兜售自己捡到的海螺化石。后来，高原隆起，逐渐升高，在溢出海平面之后逐渐进入森林的年代，也就是我们在科幻片中看到的那种景象：茂密的森林，恐龙、大象等巨型动物在密林中行走，悠然自得。前几年，在阿里地区就发现了大量森林化石，足以证明这个时期的存在。2011年我到札达时特意走访了一处森林化石遗址，巨大的树木化石向我们述说着它的古老与孤独。再过若干年，形成了现在高高隆起的地貌。即使到了公元前后，我想高原也是一处宜居的所在，绝不会是今天的荒漠植被。一些专家认为，若干年以前的阿里之东应是丰饶的大草原，狮泉河、象泉河、马泉河、孔雀河沿岸林木茂盛，应有比较发达的农业。

札达县发现的大面积古森林化石

25

如今的阿里，空荡荡的大山、无人区和戈壁荒滩，很难想象这里曾繁华过、热闹过、辉煌过，更难相信曾有个象雄时代，繁荣昌盛了上千年。其实，早在半个世纪前，新疆的罗布泊沙漠还郁郁葱葱、水草丰茂，现在已成了无人居住的荒漠。并不复杂的地理知识让我确信：那时，象雄的疆域辽阔到覆盖小半个亚洲，虽然不是江南风光，但也称得上植被葱茏、矿产丰富、资源富集、宜农宜牧，处处鸟语花香，可谓飞鸟翔集、瓜果飘香。

而且，藏学专家研究得出结论，古象雄并非偏僻封闭，而是交通相当发达，贯穿全境的道路有四条之多。那时，阿里依靠喜马拉雅山与冈底斯山之间开阔的绿色走廊，以及南部的孔雀河、西部的象泉河这三条通道，开始了与外部世界的交往，成为联系中亚、西亚、南亚、西伯利亚以及中原汉地政治文化交流的中心地带。

当时的繁荣景象，恐怕是我们现在难以想象的。

比古道更悠久更深远的，联系是蜿蜒的河流。山上的雪水融化成潺潺的溪流，沿着溪流的形状就形成了一片扇形的绿洲，生机和活力由此而始。

其实，比古道更悠久、更深远的联系，应该是蜿蜒的河流。话题还回到冈仁波齐，无论是雪域高原上的民族，还是境外的印度人、尼泊尔人，之所以将冈仁波齐视为神山圣地，我认为主要还是因为从这里发源的四条以动物命名的河流。

冈仁波齐是一座充满生命力的雪山。山顶东南西北四个方向，晶莹冰凉的雪水汩汩流淌，沿着神秘的脉络汇聚、分散、融合，不多不少，恰好便流淌成为马泉河、孔雀河、象泉河和狮泉河这"四大圣河"，藏语分别称为"当却藏布""马甲藏布""朗钦藏布""森格藏布"，滋润着山川草木和万物生灵，孕育出璀璨的文明和惊人的智慧。

流向东方的是马泉河——当却藏布，其中游为雅鲁藏布江，下游为布拉马普特拉河，因源自形似骏马嘶鸣的山口而得名，据说饮此河水的人如良驹一般强壮。马泉河经仲巴县境内时称"玛藏布"，自萨嘎开始称"雅鲁藏布江"。马泉河是雅鲁藏布江的源头，不仅对象雄文明的形成

起过重大作用，而且对西藏各个时期、各类不同地域文明的孕育、形成和发展等有着巨大的作用。其下游布拉马普特拉河流经印度东北部和孟加拉国，同恒河汇合后，注入孟加拉湾。

　　流向南方的是孔雀河——马甲藏布，其下游为恒河，因源自状似孔雀开屏的山谷而得名，据说饮此河水的人如孔雀一般可爱。孔雀河流经普兰县的朗噶琼宗卡、噶尔东卡、达拉卡、嘉迪卡等象雄文明的古城遗址。这里盛传着诺桑王子的故事，歌舞与服饰别具特色。依山傍水而建的科加寺，是藏传佛教后弘期"上路弘传"的起点。孔雀河在流经喜马拉雅山南坡后称恒河，流入印度和孟加拉国，注入孟加拉湾，全长2700公里。

　　流向西方的是象泉河——朗钦藏布，其下游为萨特莱杰河，因发源于形似象鼻的山谷而得名，据说饮此河水的人壮如大象。河水从噶尔县的门士乡流经札达县的托林寺、古格王国遗址、大译经师仁钦桑布的故乡底雅等名胜古迹后，往西流出国境。流入印度后称萨特莱杰河，是印度河的主要支流。象泉河在阿里境内的河段和流域，正是古代象雄文明的中枢地带，象雄王国最强盛时期的都城穹窿银城以及著名的古格遗址、托林寺、玛那寺等都在象泉河流域。这里也是藏传佛教后弘期重要的传播区，至今仍是象雄文明和后弘期藏传佛教保留最完整的地带。

　　流向北方的是狮泉河——森格藏布，其下游为印度河，因源头流自似雄狮张开大口的山崖而得名，据说饮此河水的人如狮子一般强健。狮泉河流经革吉县境内的邦巴森堆、森脉、纳普及噶尔县境内的加木、扎西岗、典角等。这里有一望无际的大草原、雄伟壮观的雪山、美丽如画的丘陵，自然景观如同梦幻一般。这里是野生动物的乐园，野马、藏羚羊、黑颈鹤等都比较常见。这里的矿产资源、地热资源、太阳能资源等也都十分丰富。狮泉河经托布噶鲁勒出境后称印度河，流经克什米尔、巴基斯坦，注入阿拉伯海，全长3180公里。

四条河流，四个令人遐思的名字，四条生命与文化的古藤！正是这些河流养育了广袤土地上的人民，也孕育出沿河两岸灿烂的古代文明。由此可见，在信教者的心目中，位于世界上海拔最高地区的冈仁波齐真不愧为千山之宗、万水之源。有时我想，只要顺着这四条河流的脉络，我们就能描绘出一条条文明演进的路线图，那该是多么惊人与美妙！

美如其名的玛旁雍错，远处即是冈仁波齐。在这里，雪山巍立，湖水如镜，让高原充满了空灵的气息。

到过西藏的人都知道,有神山必有圣湖。陪伴神山冈仁波齐的,是辽阔晶莹、美如其名的玛旁雍错。不过有意思的是,玛旁雍错的湖水并非来自冈仁波齐,而是另外一座美丽的雪山——纳木那尼峰。纳木那尼峰,藏语意为"圣母之山",海拔7694米,是喜马拉雅山西段中国境内的最高峰。神秘的纳木那尼峰是冰川的世界,这里分布着大量冰川群。正是这些晶莹的冰川源源不断地为玛旁雍错补给水源,成就了玛旁雍错美丽的容颜。不过遗憾的是,这样的美丽很有可能在不久的将来会消失不见。科学家们的现场观测发现,纳木那尼冰川受到气候变暖的严重威胁,正在强烈退缩。有专家预计,到2100年,世界上大部分冰川都将逐渐消亡,到那时,一些冰川下游的河流也将干涸。

我想，水色测量方法大概仅限于天晴时吧。其实，多云少云、阴天下雨、下雪冰冻都会对湖的颜色产生影响，有如情绪多变的少女一般。

圣洁的玛旁雍错是世界最高的淡水湖之一，湖面海拔达4588米。它的湖水碧透清澈，其透明度为中国之最。说到透明度，常年在藏工作，看到无数个美丽的湖泊，湖水晶亮透明，但我并不知道这些美丽的湖泊究竟谁更"透明"一些。后来，在单之蔷先生的文章中看到，测量湖水的透明度有一个国际上常用的方法：拿一个直径25厘米的白色圆盘，沉到湖中，注视着它，直至看不见为止，这时圆盘下沉的深度就是湖水的透明度。青藏高原的湖泊主要依靠高山融雪补给，湖水透明度居全国之冠。而其中透明度最高的，又属玛旁雍错，可达14米。有兴趣的朋友下次到玛旁雍错不妨试着测量一下，必定是一次有意思的经历。与之相比，长江中下游许多声名显赫的湖泊，透明度还不足半米。写到这里，在我的脑海中，美丽的玛旁雍错仿佛变成了一颗圆润透亮的通灵宝玉，在遥远的藏西北，在壮美雄奇的冈仁波齐和纳木那尼雪峰之间，延续着美丽的神话。

　　顺便再多说几句，就是湖水的颜色。西藏湖泊众多，便如蓝宝石一般洒落在高原大地，水质清亮，水色碧蓝，迷醉了无数的游人。但同样是在单之蔷先生的文章中，我才知道原来湖水的颜色也是可以"选美"的。测量湖水颜色的方法与测透明度类似，是指透明度的二分之一深处，白色圆盘上所显示的湖水颜色，一般用水色计1号（浅蓝色）至21号（棕色）表示。而湖水的颜色，其实受多种因素影响，如水深、透明度等等。因为只有深度超过5米，湖水才有可能吸收掉其他色谱的光，而只反射蓝色光。湖水的某些美丽的颜色（如绿色），是溶解了某些矿物质所致，但只有在透明度高的湖水中这种颜色才能显现。按照这种专业的标准来看，无论是从透明度或颜色，说青藏高原的湖泊是中国最美的湖泊都当之无愧。这里的湖泊水色号基本都在3—9号，多为青绿色或浅蓝色，是最撩人心魄的颜色。

西藏有太多太多美丽的湖泊，如珠玉一般散落在各地，由于偏爱，我只选取了在阿里拍摄的湖泊。

除了美丽以外，碧蓝色的玛旁雍错也是世界上多个宗教认定的圣湖，是亚洲乃至整个世界最负盛名的湖泊之一，这简直与冈仁波齐是门当户对的"天作之合"了。在诸多古经书中，玛旁雍错都被称为"圣湖之王"。很多书籍和经典描写玛旁雍错的水"像珍珠一样"，喝了以后能洗脱"百世罪孽"。而在我们熟悉的唐朝高僧玄奘所著的《大唐西域记》中，称玛旁雍错为"西天瑶池"。到这里来的特别是从印度来的朝圣者都认为，到湖边转经洗浴是人生最大幸事，并且死在这里也是最好的结局。现在，前来朝圣的印度人越来越多，几乎每年都有信徒亡故在神山道上、圣湖旁边，也许是他们把这里视为人生最后的一站，佛祖的召唤又是那样神秘难言，于是在这个圣洁的地方挥袖而去吧。2011年的塔尔钦盛会期间，就有四名香客魂留圣地。

作为"圣湖之王"和"西天瑶池"，虽然照片上的玛旁雍错多半给人一种宁静而高贵的感觉，但以我个人的感觉，它并非一个宁静的湖泊，那翻滚的波浪击打着岸边的岩石，如歌如泣，让人想起这里曾发生的不平静的传说。

早期的苯教徒称玛旁雍错为"玛垂措"——神的意志产生的湖，传说湖底聚集了众多的珍宝。11世纪，佛教在与苯教的斗争中占上风后，便把已经沿用了很多世纪的"玛垂措"佛教化为"玛旁雍错"，意为"永恒不败的碧玉湖"。一些史籍上也把玛旁雍错称为"玛法木湖"。

其实，不仅仅是玛旁雍错，冈仁波齐也是苯教与佛教斗法的"主战场"，最著名的便是尊者米拉日巴与苯教法师纳若本琼斗法的故事。在故事中，他们一致同意谁能在预定的时间内登上冈底斯山的顶峰，谁就是胜利者，就能成为神山之主。深通巫术的纳若本琼骑着手鼓从天上飞驰而过，得意地看到白雪覆盖的山顶就在眼前。可说时迟、那时快，道行无边的米拉日巴凭借阳光的速度，在一瞬间就随着初升的太阳光线抵达山顶，并铺开他的袈裟，把纳若本琼连同他的手鼓一起送到了山脚下，宣告了苯教斗法失败。

庄严残酷的宗教斗争便由这儿戏一般的故事定出了结局，读来不禁莞尔。其实，在赫赫有名的史诗故事《格萨尔王》中，类似这样的桥段层出不穷，法力无边又有众神友情支持的觉如（少年格萨尔）与叔叔晁通一系列的斗法、赛马等，无不如童话般怪诞有趣。我后来在学者们的专著中看到，原来史诗正是反映了佛苯斗争的过程，无怪如此。

庆幸的是，不管宗教故事中那些斗法场面如何激烈，现实中的神山圣湖不仅毫发无损，而且还因这些传说而多了几分神秘色彩，在阳光的照耀和白云的映衬下显得更加如仙如幻，不能不称之为幸事。不过，自米拉日巴斗法胜利后，冈仁波齐及其周边便成为名副其实的佛教圣地。13世纪时，止贡噶举派的创始人吉丹贡布便先后三次派遣僧团前往此地的洞窟修行，尤其是第三次派遣的僧团更是达到了五万多人。据称当时冈底斯山附近几乎所有的洞窟都被藏传佛教的苦行僧占据，名副其实的"天下名山僧占多"。可以想象，当年在这片土地上，是如何的营帐如云、洞窟巢集、旗幡如林了。

有趣的是，陪伴冈仁波齐的并非只有仪态万方的玛旁雍错，还有一个与玛旁雍错一路之隔的咸水湖。玛旁雍错是有名的神湖，而它旁边的这个湖却被称为"鬼湖"，藏语叫"拉昂错"，意为"有毒的黑湖"。名字即透露出人们内心的嫌恶，当地群众说这两个湖像两颗心，一白一黑，白的自然是玛旁雍错，黑的就是拉昂错。于是，人们虔诚地膜拜玛旁雍错，却对拉昂错敬而远之、厌而远之。去之前就听不少人讲，这个地方很神奇，虽同在一片天空下，道路的一边是青天碧水、波澜不惊的玛旁雍错，另一边的鬼湖却多半是阴云蔽日、恶风险浪，有时甚至会吞噬掉牛羊、帐篷，因为这里有妖魔作怪，所以要离得远一点，如此云云。

　　听得多了，对鬼湖嫌恶的同时也有点好奇。后来到了玛旁雍错，还没细细欣赏，便急不可待地去找那个千夫所指的鬼湖。也许是上天眷顾，我看到的鬼湖碧波如镜，朵朵白云倒映其中，分不清天光和水色。虽没有玛旁雍错的雍容华贵，但颇为娇媚动人，"鬼湖"之名实在有污其容，特附上照片为证。有兴趣的朋友不妨去探看一番。

「鬼湖」拉昂错，是不是别有一番「秀色」动人呢？

但毋庸置疑，最美的还是非玛旁雍错莫属。每一个到此地的游人，无不为冈仁波齐神山的雄伟壮丽所震撼，为玛旁雍错的秀丽旖旎而陶醉。无论是天阴欲雨时的水色空濛，还是黄昏时的波光潋滟，抑或朔风吹拂下的碧波浩荡，玛旁雍错都美得不可思议，如歌如诗，如梦如幻……

象雄的土地，滚烫的荒原之美

当然，号称"千山之宗、万水之源"的阿里，美丽的景色自然不仅仅是神山圣湖而已。平心而论，即使抛开所有历史研究的因素，仅仅从风景来说，驱车行驶在今天的阿里高原，那种感觉还是足以震撼到人的心灵。对比西藏大多数地区，那里更荒凉，也更有高原的味道。请允许我用这些美丽的照片和单薄的文字简单描述一下。

直观地看，这片象雄的土地，是一片带有火热表情的龟裂荒原。在绵绵不断、炽烈如火的阳光中，在如同六弦琴般的车辙印迹上，你会感觉有种火焰在燃烧。这是什么火焰呢？或许是荒原的水花、荒原的波浪，荒原无休止的孤独与忧伤，荒原漫无天际的苍茫，荒原的狂风，荒原的暴雨，荒原上为自由与生命跋涉的朝圣者，荒原上被怒火点燃的歌者，荒原上因奔波而逝去的旅人……而这一切，不管是什么，都被阳光无穷地覆盖。

阿里的风沙，源于一瞬，又止于一瞬，呼啸而来又呼啸而去，裹着沙，裹着云，裹着雨，裹着野蛮，满嘴腥味地亲吻过来，仿佛刀疤中渗出了血色的泪滴。但风沙过后呢？仰面看，朵朵白莲花就在一瞬间绽开笑脸，漂流在碧蓝碧蓝、日月同辉的天空，如同隐身的孩童，不知疲倦地抛洒着一捧雪、一捧雪……这会让人有时空交错的感觉。阿里的天空那么低，又那么蓝，像一个透明的玻璃罩，圆圆地罩住天地，一切恍如海底世界般神奇美丽。在苍凉的荒原上，野羊奔跑，仙鹤飞舞，红色的狼毒花怒放，草甸荆棘们则相依为命，一圈圈、一团团，虽然皱皱巴巴，却用粗糙笨拙的双手捧出一个个白云堆积而成的白衣仙女。白云的柔美身姿，映衬在蓝蓝的湖面与天空，在干裂的沙丘与荒原扬起飘飘的衣衫，美得让人陶醉。而这些草的颜色也绝非一种，黄的、蓝的、绿的、红色，如一个个小火炬，燃烧在这片美丽而荒凉的土地上。

时隔两年几乎在同一地点拍摄的照片，区别只是晴天和雪后。只要你有发现美的眼睛，就一定会被土林这种荒凉中的至美打动。

我最为迷恋的是土林，每次驱车在土林之中穿行、找寻，都会想象有一个象雄王，站在土林之上张开双臂，慷慨地请我们进入他的王城。而他身后的荣耀，他城中的子民，他万世的豪情，如今都已被风吹散、雨冲毁，只空留下这一片壮阔豪迈的废墟。当然，语言无法表达我的全部思绪，土林也同样无法代表象雄的全部景象。面对土林，一种无法述说的理由总让我选择沉默。还有古格，夕阳下的金色王城，有难以形容的色彩、线条，遗留在那残破的洞穴、空荡荡的庄严殿堂，如一杯苦涩的酒。这让我相信，古格一定会在深夜忧郁地歌唱，如同格萨尔王的史诗般悠长。

　　在与克什米尔交界的班公湖的鸟岛上，我看到了童话般的美丽，纯净遥远如同老荷马的歌声。岛上那么多的鸟儿、洁净的鸟儿、纯白的鸟儿、高贵的鸟儿，挺着骄傲的胸膛，在灿烂的阳光中翩翩飞舞。它们绝世的美丽让我仿佛看到梦想与青春在林中自由漫步，在天空中骄傲地舒展。

翩然飞翔的鸟儿和盛夏时节怒放的红柳花，点缀了象雄最温柔的风景。

最爱的还有阿里的红柳。我一直不理解为什么把这种美丽的植物叫作"红柳"，至少在我看来它和柳科植物毫无相像之处。在荒原的风中，红柳那娇柔的躯干挺起了翠绿的情感，绽放出粉嫩的花朵，任由风沙在颈项间飞舞盘旋、歌唱呢喃。明亮的阳光洒落在红柳林，一片片化为羽毛，洁白如雪，引领我们飞翔……

还有太多太多的感受，是我说不出也说不完的。阿里的魂灵附在了我的身上，甩也甩不开，我太爱阿里这片象雄的故土了。单之蔷先生说，自从有人类社会以来，不畏艰险、百折不挠的战士，勇敢无畏、坚毅顽强的品质，从来都是受到崇敬的。我们赞美荒野，赞美粗野冷酷的自然有一种崇高之美，无非是这样的自然能够激发出人们勇敢无畏的精神。因此，我们对崇高的崇敬，其实是对人自身的崇敬，对崇高的赞美是对人自身的赞美。我们在自然景观中感受到的崇高，实际上是对人自身勇气和尊严的体验。

诚如斯言，在走向象雄的路途上，我感受到的便是这样一种崇高的体验。

我相信无论是谁，第一次去过阿里之后，就会把梦魂留在这片象雄的土地上。就算离开很久了，但那种感觉，如同我们的回忆，一直在生长，总是那么醇香悠长，透着亮光。

象雄的故事与传说

每次路过玛旁雍错，我都会无端地陷入遐想。

试想，此刻，假如我们能穿越到一千多年前，也许就会在湖边邂逅一位与玛旁雍错一样美丽的女子，她静静地在湖畔漫步，眼睛盛满了湖水一般的忧郁之蓝。

她的名字叫萨玛噶。

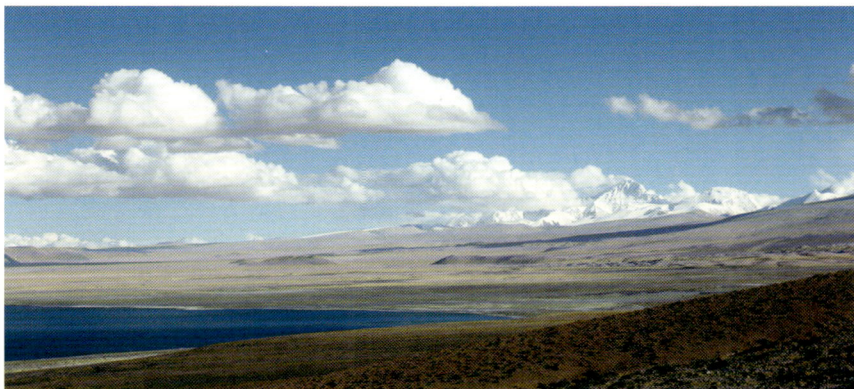

在我知道的藏族名字中，我毫无理由地特别喜欢"萨玛噶"这个名字，总感觉这名字很美，人也当美如其名。不过，这个萨玛噶是否那么美丽不得而知，但在真实的历史中，她绝不是一个简单的女人。她的哥哥，便是赫赫有名、无人不知的松赞干布。她的丈夫，是英武非凡的象雄王李迷夏。

仅凭这两点，她该是一个骄傲幸福的女人！

然而，现实却并非如此。高贵美丽的象雄王后并不幸福。而且，根据史料记载，强大的象雄王国之所以灭亡，起因也是她。

据《敦煌吐蕃历史文书》之《赞普传记》记载，松赞干布把妹妹萨玛噶嫁给象雄王李迷夏为后，可李迷夏却与墟格妃暗中相好，与赞蒙（王后）萨玛噶不和，赞蒙"愤恚"，这已经不只是吃醋，是十分生气了。而后果自然也是十分严重的："既不理内务，又不养育子女，另居于别室"。选择"冷战"并"罢工"的王后于是常年住在玛旁雍错湖畔。

好事不出名，坏事传千里。此事便传到了千里之外的王兄松赞干布耳中，松赞干布命使节前往象雄劝说萨玛噶"整治内务并养育子女"。每读至此，我都觉得对松赞干布派使者前往的动机有些怀疑，真是劝说妹妹与象雄王好好过日子吗？应该没这么单纯。不管怎样吧，真情也好，假意也罢，松赞干布派使臣来的名义总是堂皇而美好的。但萨玛噶却并不领情，这位大小姐早已经"久而生怨"，在等待中变得绝望，心如铁石地充当了"内奸"的角色，以歌示意使者告诉其兄松赞干布要择机消灭象雄。真是爱之欲其生、恨之欲其死了，对自己的丈夫到这个程度，估计也没什么恩情可言。结果，吐蕃发兵灭掉象雄，"统其国政"，"一切部众咸归于辖下收为编氓"。

这篇传记中还详细记载了一个颇具戏剧性的情节：萨玛噶除了以歌声传情，还托使者向哥哥松赞干布送上30颗大粒松耳石和一顶女帽，暗示"若敢攻打李迷夏则为英雄，可佩带此松耳石，若不敢进攻则懦怯如妇人"。这是典型的"激将法"了，不过我倒觉得能读懂此意的松赞干布真是个政治天才。也许早有灭象雄之意，松赞干布便借这个机会顺水推舟，做个替妹妹出气的英雄。

民间还有另一种说法。松赞干布为了征服象雄，使用"美人计"，把自己的胞妹萨玛噶嫁给李迷夏。萨玛噶韬光养晦，探得象雄的虚实，与哥哥松赞干布里应外合、内外夹击，一举消灭了象雄，捕获了李迷夏，关押在玛旁雍错附近，七年之后亡故。不过，在苯教的圣湖当惹雍错附近，又流传着另外的故事。据说，当年被吐蕃军队所迫而投降的象雄王李迷夏，在松赞干布死后趁机叛乱，而吐蕃以美人为饵，在当惹雍错彻底消灭了象雄军队，这个美丽的湖也就成为李迷夏的葬身之处。

这些故事，怎么听都像个传奇。英雄与美人，战争与亲情，简直就像是为电影大片设计好的。

太传奇了，反而觉得不像真的，而且分明就是如出一辙的"红颜祸水"论。历史的发展虽有其偶然性，但更多还是其自身的规律使然。象雄覆灭的原因众多，我还是愿意相信，有着美丽名字的萨玛噶，在真实的历史上更应该是个善良无辜的女人。

真实的历史是什么样的呢？这正是我想知道的，但却不容易弄清楚。据史家考证，松赞干布发兵灭象雄是在公元630年。根据《吐蕃大事纪年》的记载，吐蕃于630年灭象雄后，并未将其纳入吐蕃整体之中，而是仍保留象雄国，将李迷夏的王位转给其继任者李聂秀，将象雄作为吐蕃的附庸国。至643、644年间，再废黜李聂秀，剥夺李氏政权，另立李氏的家臣穷波拉桑杰为王。公元653年，吐蕃又派遣几若王的家臣布金赞玛穷前往象雄，担负监督及整编象雄的任务。接着，吐蕃于662年、675年征收象雄的税赋。至677年，象雄发生叛乱。678年，穷波拉桑杰遭罪谴而被剥夺王位。680年，吐蕃查没穷波拉桑杰的家产。至此，象雄完全为吐蕃所收编。

历史典籍中出现的象雄王之印。也有史家认为，"李迷夏"、"李聂秀"只是"象雄王的意思"，相当于吐蕃的"赞普"，李迷夏、李聂秀之分，只是汉语对藏文（更可能是象雄文）发音的翻译不可能。在赤烈塔尔沁所著的《阿里史地探秘》一书中，有这样一段话："近年来，本有关象雄历史的书籍上出现了一个印记。据藏学家南喀诺布介绍，这就是象雄王里米嘉（西然扎）之印。读作'喀参巴香里雄文字'，印面字体为象雄文字，藏文意为世间一切统治王。"这里的"里米嘉"应读与"李迷夏"音同字不同。特意把这段话录在这里，权作一家之言。

这些只言片语看过一遍就会忘记，远远没有传说那么精彩有趣。而且，根据我们的经验，历史的记载也未必可信。象雄灭亡的阴谋诡计、刀光剑影，投降与反叛，均只化为史书上的寥寥数语，也给人留下无限想象的空间。

看到这里，你会不会也觉得象雄的历史是这样的扑朔迷离、不可置信呢？对了，这恐怕也是象雄吸引人的地方，因为没有定论，一切皆有可能。

不想这么多了，现在，让我们沿着萨玛噶唱给哥哥的歌声，进入那时的象雄——

我陪嫁之驻地啊，

是穹窿银堡寨，

他人均谓地域宽广。

从外观看是险峻山崖，

从里边看是黄金与宝石，

在我面前展现。

作居住之地不行吗?

从外观看，苍白又崎岖。

我陪嫁之奴仆们，没有马骑行役。

作奴仆不行吗?

古格人，一熟悉了就生怨尤。

我陪嫁的食物，是鱼和麦子。

作食品不行吗?

鱼麦嚼起来苦涩!

我陪嫁之牲畜啊，是马鹿和野驴。

作畜群不行吗?

马鹿和野驴都很凶野!

噫嘻，上边北方牧场啊，

有一只野牦牛。

里面山谷有呼喊声，

下方招手应对着。

若要杀死北方牧场野牦牛，

派"董""东"两族攻克能获胜。

从中部射出一支箭来，

那是几曲河的夏氏与布氏。

里面山谷有呼喊声，

那是上游的洛氏与埃氏。

在这呼应之间啊，

下面山沟有应答声，

杀死了野牦牛!

牛心是"秦瓦"之精华，

肉和皮子赏给"洛"和"埃"，

牛角牛肠赏给"董"和"东"，

肠肠肚肚赏给"夏"与"布"。

在铁钩子尖端，

挂上老虎肉。

不要向右边歪斜!

不要向左边倒塌!

若往右边倒过来，

有细喉鱼鹰在等着;

若往左边倒过来，

有水獭在一旁窥测。

把它朝下悬挂着，

过了明天，又后天!

若不是火速来取拿，

水獭子就会吃掉它!

确是一条会跃上水面的大鱼啊!

把鱼挂上铁钩子，

见到大鱼就抓吧!

身着传统象雄服饰的阿里女子。那烦琐的头饰和古朴的衣服式样，无不传递出这片土地的高贵气息，让人想起那个古老如史诗般的年代和这里曾经的强大与富庶，想起末代王后萨玛噶的故事。

天上之银河，
能挂上就把它挂上吧，
相距虽远但可相连！
地上之泉水，
往上走就靠近了天，
要是越走越近了，
天上星星亮晶晶！

命运之星靠近了山崖，
白岩石会变成粉末，
水獭一个个在跳跃！
"吾瓦"靠近大河，
青稞长得绿油油！

碾噶尔宫靠近地面，
小风凉飕飕！
墨竹靠近陇姆，
药材和松树多得很！
要是越走越近了，
爬上去又滑下来，
那是上方之沙山！

请君火速发兵来，
设伏羲曲深谷中！

感谢你耐心地把这首长长的歌词看完了，但你懂了吗？没懂不要紧，如果懂了，那才奇了怪了。

说真的，如果这首歌真能让我们穿越时空回到那时的象雄，也肯定是四顾茫茫，不知所往。这歌里有怨、有恨，更多的是谜语一般的玄言谶语，令人费解。

只要你站在这里，头顶蓝天，足踏净土，看看那绵延不绝的山脉和汩汩涌动的流水，就会深刻地感受到这片土地的生命力，哪怕是在大雪冰封的季节。

也许，只有她的王兄松赞干布能完全明白。因为，松赞干布听到使臣转述此歌之后，便"君臣火急发兵，灭李迷夏"。

记载在历史文书中除了萨玛噶的这首歌，还有灭了象雄之后，松赞干布在庆功宴上唱的歌：

> 雅砻河水短而浅，
>
> 自外向内深而远！
>
> 雅砻河谷狭而窄，
>
> 自南而北自延伸！
>
> 从狭小地带到四境获全胜，
>
> 吾等君与臣！

象雄王国的都城穹窿银城，是否如萨玛噶所唱的"黄金与宝石"一般，我们不得而知。如今的穹窿银城遗址上，断崖峭壁之间，战争的硝烟似未散尽，山崖不是惨淡的青灰，便是血染一般的黯红，让人唏嘘不已。曾如此辉煌、权倾一时的象雄王朝，居然就是如此儿戏一般，在两首歌中灰飞烟灭？真让人扼腕叹息、不能置信，同时也更增我对象雄这个神秘古国的兴趣。现在，从象雄灰飞烟灭的尘土中，让我们回望它的兴盛吧！

象雄，汉籍中称为"羊同"或"杨童"，而本地发音多为"羊雍"。羊同分为大羊同和小羊同，大羊同即是象雄。小羊同与大羊同相连，后面的章节我会专门带大家去那个美丽的地方看看，尤其是湮没尘封的大唐–吐蕃–天竺古道，还有那个传奇人物王玄策留下的"大唐天竺使之铭"，很有些意思。

按照苯教典籍的记载，象雄的历史至少距今3000多年。藏文史籍记载吐蕃兴起是在公元前后，而在吐蕃兴起之前，象雄已经有了18代鹏

王。那么，按保守的估计，象雄的兴盛最晚应该是在公元前后。而且，新近的一次考古发现证明，象雄与中原地区最晚应在汉代就已经频繁往来。

翻遍了有关的藏汉文史籍，有关象雄的记载均是寥寥几句话。如《唐会要》卷九十九记载："大羊同，东接吐蕃，西接小羊同，北直于阗，东西千里，胜兵八九万。辫发毡裘，畜牧为业，地多风雪，冰厚丈余，物产与吐蕃同，无文字，但刻木结绳而已。豪长死，抉去其脑，实以珠玉，剖其五脏，易以黄金鼻银齿，以人为殉，卜以吉辰，藏诸岩穴，他人莫知其所。多杀牛羊马以充祭。其王姓姜葛。有四大臣，分掌国事。"其他史书的记载与此类似，恕我不再重复引用。翻译成白话文，大概意思就是这个地方很大，兵力也不少（对游牧民族来说，跨上马就是战士，这八九万的"胜兵"如果是亦牧亦战的兼职那就不算多，如果仅是职业士兵的话，按这个比例看象雄的人口就很可观了）。象雄人是辫发，穿毛毡做成的长袍（男人的头发估计与西藏牧区男人们"英雄结"的发式类似，女人则有上面穿着传统服装的阿里女子为证，美丽大气）。这个地方以畜牧业为主（今天仍是如此，尤以出产优质羊绒闻名），多有风雪，天冷时地上结的冰有一丈多厚，物产与吐蕃类似。但从后面的葬俗看，珠宝、黄金应该比较丰富（后来的古格以盛产黄金出名），没有文字典籍，只会用刻木记事与结绳记事的方法（个人觉得这点记述不准确，有点门缝里看象雄了）。葬俗很有意思，不仅用人殉葬，还要用珠宝玉器、黄金白银来填充到人体当中（很好懂的，但有点血腥，不细翻译了），然后，挑个好日子，把尸体藏到山崖上的洞穴里，让别人都不知道（估计是防盗墓吧，看来不分年代地域，概莫能外！）。祭祀的时候，就会杀一些牛、羊或者马等牲畜（这是原始苯教的习俗，后来便取消了）。政体是四大臣分掌国政，在唐贞观年间还曾遣使到长安朝贡。

每次看到阿里的山，总会让人想起纵马驰骋在这片高原上的象雄男人们。

冬天冰封的湖面上，大概由于水流的作用，常会有这样的"明眸"，亮闪闪的湖的眼睛，透着亮光，窥视着天地的风云变化。

　　藏文史书《贤者喜宴》记载，早在西藏"十二小邦"时代，象雄就是其中一个小邦，当时国王名叫李纳许，大臣名叫麻吉热桑。有学者根据玄奘《大唐西域记》卷四"婆罗吸摩补罗国"条下记载，认为象雄便是这个名叫"苏伐剌拏瞿旦罗"的国家，因为它的地理位置是"东接吐蕃国，北接于阗国，西接三波诃国"，而这里的地理特点是东西长而南北狭，与今天的阿里地区类似。我觉得这有点望文生义了，不过有趣的还在后面。这个国家因为出产上好的黄金，唐人也称它为"金氏"。这个国家世世代代由女人掌管国政，所以又号称"女国"，虽然有时也让男人为王，但他们不知朝政，只知道征战与种田。这里的土地宜于种麦，畜养很多牛马，气候凛冽，人们的性格也很暴躁。

　　且不说当年玄奘只是听说并未亲自路过，就算根据这些记载，这个"金氏""女国"也不该是象雄，倒有可能是普兰一处小国，那里的科加寺附近颇有些母系氏族的遗风遗俗。总之，虽不足为信，但姑且存之，聊作趣谈。与《大唐西域记》成书时间大致相当的《释迦方志》也有类似记载，且有"东女国，又名大羊同国"的话，应该是根据玄奘的记述转引的，可谓以讹传讹了。

不过，要说到这个女儿国，也有不少学者认为是吐蕃统一藏地之前与象雄、吐蕃三分天下的苏毗（或称孙波）。苏毗的势力范围大概在雅鲁藏布江以北的藏中、藏东一带，史书称"其国代以女为王"，复有小女王，协助管理。"妇人为吏，男子为军士"，且"生子皆从母姓"，典型的母系氏族社会的特征，或者竟是"女儿国"的原型？而某些史书则记载"东女国"在藏东一带，看来进入现代生活的人们，对这个女儿国倒是人见人爱、人见人抢。女儿国具体在哪里，我也不确定。有些学者说西藏有"东女国"和"西女国"，扑朔迷离中倒让人更增好奇了。

这是我在直升飞机上拍摄到的厚重而辽阔的象雄大地，天边的雪山冰峰如分割天地的界线，可天地又是那么浑然一体、不可分割。

好吧，还是让我们伴着萨玛噶的歌声，一点一点地走近心中的高原，任自己的脚步和思绪浮动在象雄的天空。

层叠的雪山和蜿蜒的河流组成了象雄的密码，等待人们的破译。

该怎么寻找象雄呢？这并不是容易的事。

古老的岩画，神秘的苯教，透露出象雄时代的"天机"，共同撑起象雄的精神世界。

我永远无法忘记第一眼看到穹窿银城的心情。面对这气势冲天却又颓然倒下的大鹏神鸟，

我难以表述自己内心的复杂感受，甚至不相信自己的眼睛，连身体也仿佛在那一刻僵硬了。

一片铭文锦，一副金面具，铺陈出多种文明在古老象雄相遇、交融的美丽与奇幻……

从象雄走来

古老岩画，象雄人的生活场景

岩画，大约算是最古朴的一种艺术形式了。

有人说，岩画是描绘在崖石上的史书。有意思的是，阿里是西藏岩画最为集中的地方。迄今为止，在日土、革吉、改则等地发现了不少古代岩画遗存，地点多在山谷的侧缘、坡麓、沟口洪积扇，以及湖滨山前地带等。这些地方地势开阔，靠近水源，应该是古象雄人放牧狩猎的场所。由于年代久远，石头表面雕刻的印迹上覆盖着一层铁锈般的沉积物。阿里岩画的制作方法基本上是凿刻法，即先用尖锐的石器敲击，当敲出一个个小点后，再连接成线条，有的继续加工，使线条深凹或通体凿成平面，有很强的符号感，在阳光照射下给一种眼花缭乱的感觉。这不由让人浮想联翩，是哪个悠闲的牧人在闲暇时刻下自家的牛羊，或者借简单的符号记录什么事件、许下什么愿望？在一些岩画点的附近，还发现有人工打制的石器。一些岩画点还与石丘墓葬共存，暗示着阿里岩画的时代最早可能上溯到史前时期。遗憾的是，我并未能挨个探访。但仅就我所看到的，已经是蔚为大观、令人惊叹了。

这些岩画，作为历史积淀的文化现象，流露着作画时代生活的"天机"：质朴的线条、稚拙可爱的画面，都弥漫着一种原始的气息，给我们讲述着当时的生产生活、狩猎放牧、战争械斗、节日竞技……它是人们对自己物质和精神生活的艺术再现。这些岩画从其表现形式上看，有的画面简单、线条流畅，也有的立体感、动感很强，富于韵律和想象力。它是远古象雄人生产生活的真实记录，也是他们思想感情、灵魂观念的真实流露。这些岩画是凝固的历史、无声的歌，值得后人欣赏、研究和思索。正是这种艰辛的创作，才记录下了令人自豪的高原文明的图画，使后人

除了岩画、壁画，阿里有艺术审美趣味的东西还真不少。因为日土寺中的岩画和多香遗止佛塔上的孚雕。尤其是这些有趣的师子，上师像可爱或充满了可爱的气息。

为这种顽强的生命力和执着的追求而创造的奇迹惊叹不已。

岩画描绘最多的是马、牦牛、鹿、藏羚羊、狗熊、骆驼、猪、狗以及鸟类。根据人类发展的特征及其规律，这些岩画应该刻绘于新石器时代晚期或青铜器时代早期，大约距今三千年，属于西藏史前文化遗存。我没有就岩画作过什么研究，不过单就观感而言，日土的岩画线条稚拙。牦牛两只向内弯的犄角、高高的脊背，以及甩动着的像拖把一样的尾巴，看上去活灵活现；羚羊那对颇显骄傲和阳刚之气的长角，展示了雄性所富有的好斗性格；而岩画上的鹿尤为引人注目，耀武扬威的漂亮鹿角应该深受藏族先民的喜爱。可以说，古拙、粗犷、简练、生动便是这些象雄岩画的艺术特点，不仅带给我们心醉的艺术享受，而且通过一幅幅生动的画面让我们能够了解了原始人类的生产方式、生活面貌、思想情感和思维方式，可谓是一笔珍贵的文化遗产。

牛羊成群的遥远场景，群兽和谐相处的美妙境界，男男女女的原始爱情，欢乐的劳动流淌出力量与智慧的美……站在山崖下，伸手触摸这些古朴稚拙的线条，有些震颤的感觉。在这片古老粗粝的土地上，伟大的象雄先民曾在蓝天下焕发出怎样的生命活力啊！

在日土，我还看到了一些晚近时期有关宗教题材的岩画，虽不够精美，倒也算是朴实有趣。

苯教——象雄的精神家园

有专家认为阿里日土的岩画中有些是原始苯教的符号，我对此不懂。但我知道，要了解象雄，怎么都绕不开苯教。而且，该怎么说呢？当岩石上的简单图画不能满足人们对自然的崇敬与畏惧时，就需要一个更为丰富的精神家园，或许这就是苯教产生的直接原因吧！

当然，这只是我的理解。

古老浑厚的土地，弥漫着原始而虔诚的气息。

　　还是试想我们回到蒙昧未开的高原吧。古老浑厚的土地，弥漫着原始而虔诚的气息。位于世界屋脊的象雄地势险峻、气候多变，生活在这里的藏族先民享受着日月的光明和天地山川的滋养，开创着属于自己的文明。但任何事物都具有两面性：鸟儿带来飞翔的欲望，也让人认识到自身的局限；火能帮助人们取暖照明、抵御野兽，但也能带来毁灭性的灾难；悬崖峭壁能筑穴而居、抵御外侵，也能让人双脚发软难以攀援；

雪山、湖泊、牛羊，在高原都被赋予了灵性。

绿色的草原养育牲畜也纵容猛兽……自然真是一把双刃剑，让人依恋却又恐惧，让人忘形却又崇敬，无声地昭示着永恒的魅力和神秘的诱惑。

在对自然界的敬畏与崇拜之心驱使下，日复一日，年复一年，人们在冥冥中把山川大地、日月星辰、风雨雷电、鸟兽虫鱼，包括宇宙的一切，想象成为各色神灵，一些偶发的事情更让人们坚信神灵的存在，于是附加上各种意念和祭祀仪式，这大概就是原始宗教的源起。

提到西藏，大家都知道神秘的藏传佛教，而藏传佛教还分为宁玛（俗称红教）、噶举（俗称白教）、萨迦（俗称花教）和格鲁（俗称黄教）等教派。最后完成大一统的是格鲁派，在格鲁派兴盛时期，其他教派日渐式微，不少寺庙都改信格鲁派才得以生存至今。西藏和平解放后，国家实行宗教信仰自由政策，西藏诸多教派不断得以恢复，但其影响已经远不如前。毋庸置疑，宗教对西藏的影响是巨大的，不管其间发生了多少历史变迁，但寺庙或残存、或恢复、或重建。现在，星罗棋布地分布在高原各处的标志性旅游景点多与寺庙有关，如布达拉宫、大昭寺、哲蚌寺、甘丹寺、色拉寺、扎什伦布寺等等。但是，若想较为深入地了解西藏的宗教文化，便不能不接触西藏最原始的宗教——苯教。

苯教到底产生于什么年代？已经找不出确切的依据。如果按照苯教自身的说法，则已经有3800多年的历史。不管怎么说，起码在公元前苯教已经统治了象雄广大地区，并不断扩展势力范围，传播到西亚南亚一些国家，对藏族和其他民族的社会历史产生了深远而广泛的影响，成为世界古代文化中独具特色的神秘文化。苯教从何处发源？同样说法不一。一说发源自象雄，即现在的阿里地区；一说发源于西亚的大食即今

夏天雪水融化，涓涓细流变成了浊流，但它依然是纯净的。

天的伊朗；也有说来源于古代印度的。虽然公说公有理、婆说婆有理，但从苯教的流传和影响来看，兴盛于象雄，这是毫无疑问的。阿里地区噶尔县门士乡有一个叫卡尔东的土山，山上的一个山洞被苯教寺庙和当地民间传说认为是苯教创始人辛绕米沃修行的地方。1936年，人们在山洞下面的平地上建了一座苯教寺庙——古如加木寺。我想，当初寺庙的始建者，肯定是为了证明这个地方就是苯教的发源地。

苯教的文化渊源其实远远超出我们的经验范畴，其影响是十分广泛的。可以说，苯教是吐蕃王朝从兴起到其全盛时期都占统治地位的宗教。许多学者都认为，藏族自称所用的族名"蕃"（Bod）就源自"苯"（Bon），古藏文这两字的写法相通。且不说藏传佛教已融入了太多苯教的仪轨、习俗甚至护法神灵，据专家考证，纳西东巴教、摩梭人达巴教、满族萨满教、普米族汗归教等都源于苯教。而在新疆、云南、四川、甘肃等省区都有苯教文化衍生的苯教亚文化，或称苯教次生文化。当然，苯教自身的文化涉及面也极广，与波斯袄教、婆罗门教、印度教、藏传佛教均有着千丝万缕的联系，隐藏着许多不解之谜，吸引着众多学者、探险家和文化人去研究、探讨，也成为国内外藏学界研究的热点之一。尤其是近年来，苯教的研究越来越热，各种有关苯教的专著也已出现，专论就更多了。

因为苯教与象雄的关系太密切了，所以我在这里试图用自己有限的知识讲一讲苯教，对于学术方面则不进行更多研究。急就之文加上学识粗浅，谬误必多，还望方家指正。

进入苯教，可以从一个神秘的符号开始。

卐，藏语称为"雍仲"，俗称"万字符"，可以称为苯教的标志。这是个神秘而充满力量的符号，方正、有力、优美，蕴含着永恒、光明、坚固的深远内涵。有趣的是，卐这个符号也并不是苯教的专属，它和一个方向不同的"卍"一母同胞、由来已久，覆盖的区域很广，在古印度、波

斯、希腊、古巴比伦等国的历史上均出现过，佛教、印度教、耆那教中也都有这两个符号的身影，玻利尼西亚人、南美洲和中美洲的玛雅人、北美洲的纳瓦霍印第安人也都用过卐和卍的符号。纳瓦霍印第安人以卍象征风神雨神，早期日耳曼民族共有的神祇托尔是个雷神，卐是他的槌子。

　　卐还是雅利安人的符号。20世纪二三十年代，希特勒在为德国国家社会主义党设计党旗时，在红布上的白色圆圈中嵌上黑色的45°角的"卐"符号，它成为第三帝国的国旗和徽章。在红白黑三色的卐符旗下，纳粹党的排犹运动，第三帝国等法西斯国家挑起的第二次世界大战，给人类造成巨大的浩劫。

真是成也萧何败也萧何，一个符号，居然有如此多重的文化内涵，既昭示光明吉祥也曾成为罪恶杀掠的象征，的确令人感叹颇多。同样，为何这些宗教和先民们不约而同地选择了这个符号呢？是谁影响了谁？我们无从考证，还是仅就苯教而论吧！

在苯教文献中记载着有关卐形成的神话：传说宇宙最早是依靠气流运动形成了"嘉扎木"，即十字状，进而在地球上繁衍了各种生灵，人类则从日光神的光芒中得以繁衍生息。于是，十字和由十字演化而成的"雍仲"便成了高原先民心灵之火，成为太阳、光明的象征，同时包含有轮回不绝、永恒坚固、无穷无尽的意思。古老的苯教崇尚光明，所以有人称早期苯教为"光明教"。专家们研究则认为苯教深受拜火的波斯袄教影响，这种说法论据确凿。被称为"琐罗亚斯德教"的袄教产生于大约公元前11世纪，是古波斯历代王朝的主要宗教信仰，在中亚和西亚深入人心，直到公元7世纪后才被伊斯兰教所取代。作为象雄西面一个较为成熟的强势文化，不可能不对苯教的形成产生重要影响。

可以确定的是，苯教在产生、形成、发展的历史过程中，不仅吸收了西亚、南亚、东南亚诸地民族宗教的某些元素，也融入藏传佛教的较多成分，故而成为有异于一般原始宗教的古老宗教。

苯教在不同的社会历史阶段中演变，它的意识活动更多的是崇拜自然力、自然物及动物、火、光明等，自然崇拜是苯教的重要特征。然而，与诸多原始崇拜不同的是，苯教也具有完整宗教的思想观念——"善恶二元论"和"三界观"，以及经咒典籍、寺院、僧人等，所以它又是一种极为特殊的宗教类型。

苯教在西藏的兴衰，可谓天时地利人和三者错综演变，简单一写可能就是半部历史。

但最核心的，其实就两个人：辛绕米沃与莲花生。把这两个充满改革精神的伟大人物搞清楚，也就大致明白了苯教的沉浮宿缘。

辛绕米沃是雍仲苯教创始人,相当于佛教的释迦祖师乔达摩·悉达多。相当巧合的是,这位辛绕米沃也是一位王子。关于辛绕米沃的出生年代说法不一,学者多认为他生于距今4000年前左右,苯教则认为他出生于公元前16017年。传说辛绕米沃出生在象雄古国一个叫魏摩隆仁的地方。至于魏摩隆仁究竟在现今的什么地方,学界对此也颇有争议,一说在今阿里札达境内,一说在今伊朗境内。其实,在辛绕米沃出生之时,象雄的原始苯教已经发展得颇具规模,有着各种形式的原始崇拜,并且尊大鹏为图腾。早已出现了"仲",即口传历史故事的说书人,道过去者;还有鸟卜等多种卜法,以占卜各种事物的未来。也已出现了"苯",即诵经祭神,为现世人除魔障者。而且,他们已经分成天苯、魔苯、赞苯、沐浴苯、招财苯、占卦苯、神鬼苯、历算苯等30多种流派,为民众禳解灾祸,祛除病邪,各自拥有大量信徒。据说有的流派喜欢杀生血祭,甚至用活人祭祀,但已无法考证。与此同时,源于邻居波斯的祆教在象雄也十分盛行。

表面看来,象雄的文化信仰是一派热闹繁荣,但明眼人能看出来,繁荣的背后是无序与混乱。

天将降大任于是人也。这个人,便是辛绕米沃。

从辛绕米沃的种种作为来看,他一定是个聪敏好学的人,富有智慧绝无迂腐,精通人情世故又敢于改革创新。在苯教典籍中,法力无边的辛绕米沃是像格萨尔王一样的"天降神子",种种行为都是上天注定。不过,这里,我作为无神论者,还是先把他想象成一个人,一个了不起的智者。

辛绕米沃在广泛学习研究波斯祆教、婆罗门教、印度教及原始苯教各流派的基础上,形成了自己的理论体系。他认为,世界分为三个部分:天、地、地下,也就是神界、人界、鲁界。天上的神名字叫作"赞";地上的神称为"年",即山神;地下的神称为"鲁",即常说的龙。吐蕃早期赞

自然崇拜是苯教的重要特征。象雄的土地是野生动物的乐园。飞奔的野驴、石头般翻滚的野牦牛、骄傲的岩羊、迁归的羊群，有时候也会散发出神性的光芒。

普多数娶龙女为妃，赫赫有名的格萨尔王在史诗中的母亲是龙女梅朵娜泽，王后则是龙女珠牡。这三界神灵是藏族聚居区的守护神，是苯教的主要神灵。当然，这也并非完全是辛绕米沃凭空想象出来的，而是他对原始苯教观念凝练的总结。说起苯教的天神，还真充满了唯美浪漫的气息。据苯教典籍记载，天界分为七层，有天父六君子，他们在可以骑马射箭的成年后便能"沿着天绳，如同彩虹一般向天空飞去"，由此，美丽的彩虹成了连接天地神人的纽带。苯教法师作法时，身上要缠以五色丝带象征彩虹。唐卡神像的两侧挂有红、黄色两根绸带，其意也在使神灵驾虹飞上天界，或天神顺虹桥降到人间。而西藏祭仪和民俗中普遍使用的五色彩箭、五色经幡、五色毛线等等，也与此有关。西藏夏日雨水多，彩虹频现，有时，灵性博大的旷野之中雨水未停，而艳若梦幻的彩虹便出现在天边，给雪山莽原平添一份美丽和神性的光辉，令人悠然神往，确实能让人产生登天之阶的联想。

神灵归位，还要有宗教的标志。这时，很可能是出于波斯祆教的启示，一个光辉灿烂的符号"卐"出现在辛绕米沃的脑海。他把这个符号描绘下来，并作为这一教派的标志。从此，人们称辛绕米沃创立的苯教为雍仲苯教。辛绕米沃还制定了严密的教义，如夏辛乘、朗辛乘、斯辛乘、楚辛乘等等，不再详述。

仪轨是宗教的载体。辛绕米沃充分吸收原始苯教的诸多仪轨并结合古藏民的生活习俗对其进行大胆改革，比如藏医、天文、历算、地理、占卦、超度、梦兆、招财、招福、石碑铭文、雕刻以及沐浴等法，直到现在仍然被藏族群众广泛应用。

有破也有立，对原始苯教的许多做法，辛绕米沃又是极其反对的，比如杀生祭祀。智慧的他选择了变通的做法，创造了用酥油、糌粑捏塑的具有象征意义的朵玛（多尔玛）贡品，并以风马旗祭、煨桑、玛尼石、彩线花盘祭等代替以宰杀牛羊为代价的原始祭祀。这种改革得到了群

众和僧侣的极大欢迎。现在，朵玛被苯教徒以及藏传佛教徒广泛用来做供品，并成为藏传佛教的一大特色，散布藏族聚居区的风马旗、玛尼石也给高原增色不少。

在此后大约一千年的时间里，雍仲苯教占据着整个藏族聚居区的宗教统治地位，这本身已充分证明了辛绕米沃大胆改革的成功。

提到西藏历史，人们大多只熟悉引入佛教的松赞干布，而这已经是公元六七世纪时的事了。在松赞干布前面，至少有31位赞普。根据一些史学家的考证，公元前二三世纪统一雅砻部落的第一位赞普聂赤赞普便是由苯教的僧团认证并且加冕的。自此后，得势的雍仲苯教扎根西藏各地，苯教法师更是护持国政，对政权有着举足轻重的作用。据苯教史籍《札羌》《苯教志》等记载，随着苯教法师权力的膨胀，赞普的权力逐步被削弱，左右国政的法师由大贵族的子弟世袭担任。于是，这些法师一方面是万民信奉的精神上师，另一方面则是权倾朝野的达官显贵。当宗教与政治结盟，问题也随之产生了，那就是这些位高权重的法师，总会在关键时刻以占卜等宗教方式，假借神的意志支持贵族势力，打击王室。至此，苯教与王室的矛盾日益尖锐，到吐蕃第8代国王止贡赞普时便开始驱逐苯教徒，打击苯教。

这是苯教历史上第一次法难，很可惜，这并不是最后一次，而是刚刚开始。

虽然在止贡赞普去世后，苯教的气焰又高涨起来，但已是好景无多。历史的车轮滚滚向前，吐蕃王朝日益强大，而到第28代赞普拉托托日赞时期，源于印度的佛教开始传入西藏，与苯教分庭抗礼。形势不容乐观，但已习惯唯我独尊的苯教法师们丝毫没有意识到这一点，依然与贵族勾结，以神的名义分散王室的权力。终于，具有历史性的一刻终于来到，英武的第32代赞普松赞干布东征西讨，统一了西藏大部，甚至也包括苯教的发源地象雄。强大的吐蕃王国需要权力的高度集中，雄心万丈的赞普也不甘受苯教的掣肘，自此，辛饶米沃辛辛苦苦创立的苯教遭遇了真正的危机。

善良的藏族民众需要信仰，年轻的赞普不是不知道。松赞干布号称"天神之子"，以观音菩萨化身自居，并迎娶崇信佛教的尼泊尔公主和唐朝公主为妻，以明确的态度支持佛教、打压苯教。但是，宗教与文化这类东西与权力相比起来，看似单薄无力，实则柔韧绵长，不是简单的行政干预就可以钳制、消灭的。

世代信仰苯教的臣民们无法轻易放弃自己固有的信仰。在松赞干布修建大昭寺时，就出现了"昼日所筑，入夜悉为魔鬼摧毁，不见余痕"

的情况，这便是被苯教徒所捣毁。作为吐蕃赞普的松赞干布也只好作出让步，在大昭寺大门上画"卍"符号以迎合苯教徒。而且据说，当年松赞干布命人塑造第一批佛像时曾言，吐蕃人生性多疑、性格倔强，恐难接受外来的文化，因此，头一批塑像的"模特"必须是藏族人，并从当地挑选了两个俊男美女作为造像的依据。因此，吐蕃早期的塑像明显具有当地人的面部特征和身形轮廓。但这一举动成效不彰，松赞干布去世后，苯教徒噶氏专权，在西藏历史上掀起了第一次禁佛运动，禁止佛教传播，禁止翻译佛经典籍，放逐外域佛教僧人，连文成公主带去的释迦牟尼像都被藏在墙壁夹缝中若干年。

自此后，佛苯斗争便成为西藏历史的主线。刚开始，根深蒂固的苯教和王室支持的佛教各有千秋，不是东风压倒西风，便是西风压倒东风。

但是，平衡总会被打破。

打破这平衡的，是又一个兼收并蓄、改革创新的智者——莲花生。

与以前来藏传播佛教经义的大师相比，莲花生才真正是个会念经的外来和尚。他到达西藏后，很快便敏锐地发现以深奥文字为教义的佛教显宗在雪域高原并不具备传播条件。于是，他大胆学习借鉴苯教的方法，传播佛教密宗。一方面，莲花生大师忙碌地修建桑耶寺、翻译佛典、剃度僧人；另一方面，他悉心研究苯教教义，并智慧地把苯教众多神祇都收归为佛教的护法神，如四魔女、四叉女、四神女被收为十二丹玛女，同时还吸收了苯教的许多仪轨。当然，熟悉佛教历史的朋友可能会会心一笑，因为，佛教在印度发展壮大时便是把诸多印度教的神灵引入其中。现在，这位相传在美丽莲花中出生的佛学大师不过是借鉴了先贤的经验而已。

莲花生大师高明之处在于，他并不只是单纯地把苯教神祇吸收到佛教中去，而是以"斗法""降妖伏怪"这种神话故事压制苯教神灵，从

苯教时期流行土葬，高低不一的列石便是「无字的墓碑」，象征着墓主人的身份等级。

而使苯弱佛强的观念在信徒心中植根。就拿莲花生大师入藏的经历来说吧,一路披荆斩棘、降妖伏魔,这些故事搜集起来真比《西游记》还要奇幻。据说他一路上降服了赫赫有名的唐古拉山神马头明王和白龙、香保神、吐蕃十二女神、夜叉、火神等,使他们都"虔诚地献出自己的神、语、意三密神力",从此俯首称臣,甘愿舍弃苯教尊神的身份而成为佛教的护法。类似这样的传说在藏地比比皆是,莲花生的大名伴随着降妖伏魔的进程,从而变得无人不知、无人不晓。藏地不少秀美的沟谷山洞,都因为流传莲花生大师在此修炼或收服妖魔或留下伏藏的传说而增添了神秘元素。

这样一来，佛教在苯教神祇的簇拥护卫下，堂而皇之地在西藏传播开来。当然，正因为佛教密宗被因地制宜加入了苯教的色彩，才使得藏传佛教形成独具特色、独树一帜的藏密。这也是许多熟悉佛教的人到西藏的寺庙反而不认得佛像的原因。

　　藏民族是崇拜英雄的民族，莲花生大师降妖伏魔的英雄行为让虔诚的信徒五体投地，而面对寺庙中的神祇、仪轨也不再感到陌生，便从心里真正地接受藏传佛教了。

　　此一时，彼一时。面对佛教如此强势的攻势，苯教法师束手无策，再没有当年辛绕米沃的智慧。

　　这时，赞普赤松德赞又自导自演了一出佛苯辩论戏，加重了苯教的灾难。明显倾向于佛教的赤松德赞为了表明自己的公平，便在墨竹苏浦之江布园，邀佛教和苯教的代表人物互相辩论两种宗教的优劣。这应该算是一场不公平的比赛，就算赤松德赞本身是中立的，可坐而论道正是佛教徒的强项，况且本身博大精深的佛教理论在吸收了苯教的精髓之后更加符合藏民族的情感需求。于是，结果可想而知，赤松德赞当场宣布苯教失败，并把信奉苯教的人集中起来，给他们指出三条出路：一是改信佛教；二是放弃宗教职业，削籍为民；三是如果不愿改教，又不愿做平民，就流放边地。

　　这，才是辩论背后的真正目的。赤松德赞是个果敢的人，当即便活埋了苯教大臣尚仲巴结，又流放了另一名苯教大臣达扎路恭，并将大批苯教徒流放阿里。赤松德赞还下令焚烧苯教经典，对苯教采取强硬的消灭政策。也正是此时，一批苯教徒向东逃亡到川康滇地区，苯教便从此进入了门巴族、纳西族、普米族和摩梭人的精神世界，直到如今。

　　这起事件，令苯教元气大伤，在此后的一百多年里只能勉强度日。一直到公元9世纪至10世纪之间，三名尼泊尔的信徒在桑耶寺意外发现了大量苯教经典，才拉开了苯教复兴的帷幕。苯教徒真该感谢宽容博大的莲花生大师，在吸取苯教精华后还能将这些经典妥为保存。在苯教史上，这三位香客发现的经典被称为"北藏"，与后来陆续发掘整理出来的"南藏""卫藏""康藏""新藏"并称为"五大伏藏"，是苯教的重要文献。

但这种平静并未维持多久。劫后余生的苯教不久后就发动了一次惨烈的灭佛运动，只是这次的主角换成了吐蕃王朝末代赞普朗达玛。同样，在这次灭佛运动中，朗达玛和余恨正浓的苯教徒们手下毫不留情，对佛教势力进行大规模镇压，小昭寺变成了牛圈，寺庙壁画被涂抹成了僧人饮酒作乐图，佛经被焚烧，文成公主带来的释迦牟尼像再次被埋藏。有趣的是，或许吸取了上次失败的教训，重振雄风的苯教也开始向佛教学习，不仅吸取佛教教义以丰富苯教的理论体系，还广收信徒，开辟法苑，学习经典。但这种学习是偏执的，甚至故意与佛教作对，如佛教转经筒、转神山、转经堂都是顺时针的，而苯教却认为逆时针转才是功德，并且这个习俗一直沿用至今。

可苯教毕竟晚了一步，经过上百年的潜移默化，莲花生大师及其信徒们苦心经营的藏传佛教已植根在藏族民众心中，地位难以撼动。而且，这次苯教的灭佛运动也没有赶上好时代，朗达玛在公元846年被佛教僧人拉隆贝吉多吉刺杀，再加上连年灾荒，各种矛盾越演越烈，最终导致延续数千年的吐蕃王朝土崩瓦解。朗达玛的后裔逃亡各地，其中一支逃到了苯教的故乡阿里，建立了古格王朝。

这次灭佛运动，也是苯教在西藏历史上的最后强音。此后，西藏各地陷入了割据的混乱状态，藏传佛教在贵族势力的支持下，得到发扬光大，并走出西藏，得到中央政府的承认册封，为中华民族的统一作出了贡献。

而苯教，虽极力学习佛教，但画虎不成，无可避免地日渐式微，寂寞地躲在雪域大地的山谷之中。而今，我们看到一处古老的壁画或佛像，要区别究竟是藏传佛教还是苯教，最明显的还是看有没有辛绕米沃当年绘制的那个"卍"字符号。

这似乎令人遗憾。但是，只要我们细心寻觅，就不难发现，遗落的苯教文明其实仍在高原各处流传，有的已经隐身于藏传佛教之中，有的甚至已经转化为民间习俗。下面可以举几个例子。

煨桑 来过西藏的朋友一定会对转经道旁和藏传佛教寺庙里的桑烟袅袅有很深的印象，但煨桑并非藏传佛教的发明。煨桑在西藏有着悠久的传统，可以说是藏族先民火崇拜的表现形式。在远古时代，每逢男子出征或狩猎归来，老人和妇女儿童都要在村落部族外面的郊野，烧一堆柏树枝叶和香草等植物，并往归来的人们身上洒清水，希望以烟火和清水驱除因战争或其他原因而沾染上的各种污秽，以求吉祥平安。后来，苯教把煨桑的传统进行丰富和发展，每逢节日庆典、出征誓师或宗教活动，都要在路口、山口、湖畔等重要场所燃烧桑枝柏枝等易燃灌木，并加入青稞面、酥油等，以"桑"祭祀神灵，让袅袅的烟雾扶摇直上，通达天神居住的地方，把人间的美味和美好的祈愿都传递给神灵，从而达到诸神欢喜、人人幸福的美好结果。

望果节 在西藏，除了藏历新年，就属望果节最为热闹了。望果节流行于农区，一般在青稞、小麦、油菜等农作物成熟之前，择吉日举行。据《苯教历算法》记载，早在公元5世纪末，赞普布德贡杰向苯教教主请求赐以教旨，让农人绕田地转圈巡游，求天神保佑丰收，是为望果节的起源。当时的望果节，首先是男女法师降神做法，以娱神灵，并由法师带领盛装的村民绕村转三圈。此后，由捧香和高举幡杆的人引路，法师举着"达达"（一种绕着哈达的木棒，亦称经幡塔）和羊右腿领路，后面跟着本村背负经书、手拿青稞穗的村民，一边唱着颂歌，一边绕行于田间地头，祈求风调雨顺、五谷丰登。后来，望果节这一形式也被佛教吸收、改造，只是在转地头巡游的队伍前多了举佛像、背经书的人们。

　　玛尼石　对玛尼石的崇拜与供奉散见于藏族聚居区各地，几乎在西藏的任何高山峡谷、村口路旁都有成堆的玛尼石，有的就是普通的白石、水晶石或其他好看的石头，有的则刻有六字真言、经文、佛像等。玛尼堆被称为"曼扎"，藏语叫"多本"，是由大小不等的玛尼石堆起的具有灵气的石堆。每块玛尼石代表一个心愿，久而久之，越堆越大，纵贯了历史，成为一代代藏族人的祈愿载体，寄托着理想和希望。苯教是万物有灵的宗教，认为天地之间的一切东西都具有灵性，白色的石头尤其如此，被认为是龙女、神女的化身。而且，灵魂通常与风有关，流动的风是沟通有形与无形世界的最好媒介。人们把心愿（或者经文、真言）刻进石头里，印在风马旗上，置之旷野之中有灵性的地方，这些心愿就会随着风儿念诵、祈祷，从而实现心中的愿望。自然，最初的苯教并不擅用文字，玛尼石只是简单的堆石加上美好的祈愿而已，是藏传佛教给玛尼石赋予了经文、佛像以及神秘的意象。至于玛尼石上常见的"唵嘛呢叭咪吽"六字真言，佛教说是大慈大悲观世音菩萨咒，也叫六字大明咒，汉语意为"如意字，莲花"，源于梵文，象征一切诸菩萨的慈悲与加持。而按照苯教的说法，这六字真言源于象雄文，即雍仲神文，发音为"哦嘛直莫耶萨来德"，象雄文的意思为救度母亲的空间和光明。

　　篇幅所限，不多举例。其实苯教早已渗透到藏地各族群众的日常生活和精神生活之中，如厨房的灶神、跳锅庄，还有占卜、转山转湖等，都是苯教时期兴盛而流传至今的。而正因这些苯教时期习俗的一脉传承，才得以使藏民族始终保持一种对自然万物的敬畏与感恩之情。

　　江海变迁、世道沧桑，苯教远古的辉煌无声逝去，但阿里岩画上遗留下的迷人神话和先民的手镌诗章，依然向今人叙述着这里发生过的故事。

阿里各地的玛尼石、风马旗、擦擦等。大大小小的石头堆叠在一起，或刻上经文佛像，便具有了神性的意义，能护佑虔诚的信徒心愿得偿。山顶的五色经幡，在默默地祈祷这片高原永远风调雨顺、幸福安康。

温柔的羊儿身后是用手拍上去的牛粪墙，一张张牛粪饼印着主人的掌印，是西藏最常见的生活画面，但却让人感觉充满虔诚。

位于那曲地区申扎县境内的当惹雍错，是苯教崇拜的最大圣湖，也是西藏第三大湖。当惹雍错为南北走向，形如鞋底，三面环山，唯南岸达尔果山东侧有一缺口。达尔果山一列七峰，山体黝黑，顶覆白雪，形状酷似七座整齐排列的金字塔。达尔果山和当惹雍错一起被苯教徒奉为神的圣地。

大概因为易守难攻的地势和良好的气候，当惹雍错还曾是传说中象雄王宫的所在地，是藏北象雄遗迹最集中的地区之一。"达尔果"和"当惹"都是古象雄语，意为"雪山"和"湖"，它们一个是神山，一个是圣湖，保佑着周围的部落和牛羊。湖畔有一座建在悬崖山洞中的玉本寺，据说是苯教最古老的寺庙之一，至今仍有信徒来此朝圣修行，绵绵不绝地延续着苯教的血脉……

当惹雍错湖畔的遗址群

当你看到这幅用三张照片拼接起来的穹窿银城全景时，是什么样的感受呢？我永远无法忘记第一眼看到穹窿银城的心情。面对这气势冲天却又颓然倒下的大鹏神鸟，我难以表述自己内心的复杂感受，甚至不相信自己的眼睛，连身体也仿佛在那一刻僵硬了。我知道，站在银城之上，我脚踩着一段繁华梦，头顶着一片悲欢情，眼前那层层叠叠的宫殿、各式各样的山洞，正在无言的荒芜中追溯着一段遗失千古的繁华往事。而这些，都是语言和相机镜头所无法表达的。

穹窿银城，千年之前象雄王国的都城

　　该怎么寻找象雄呢？这并不是容易的事。

　　象雄，是一个古老的、在人们记忆与流传中即将消失的名字，一个主要靠传说而缺乏文字记载的古老神话；一个在两千多年前占据西藏高原大部、无比辉煌的王国，一个创造了历史又险些被历史湮灭的历史传奇；本是吐蕃王朝的长兄，却遭遇同室操戈，在胞弟吐蕃的铁骑中灰飞烟灭，成了一曲鲜为人知的历史悲歌……

　　多年来，我一直在试图寻找象雄的历史与传奇。但是，寻寻觅觅，又该从何找起呢？自从2008年一个偶然的机会，接触到前面讲过的故事，我就对象雄产生了极大的兴趣。于是，把那些曾经买来但没认真读过的关于西藏历史方面的书籍翻了出来，并且随见随买，范围越来越广，从历史到考古、从西藏到西域、从地理到旅游，着实花费了一些银两。回头一看，还真不少，书架摆不下，干脆摞到地上，可占了不少空间。随手翻来，收获倒还不小，头脑里慢慢有了些头绪。把自己的一些粗浅想法写在这里，是希望与关注象雄文化的人士做些交流，更希望有抛砖引玉之功。

从汉文史籍上来看，关于象雄的记载实在太少，仅有的一些记载，大概都是抄来搬去的一些话，很有限。在藏文的汉译本中，应该说记载比汉文的要多些，但也有些是重复的。苦于不懂藏文，更多的内容不能从大量的藏文典籍中获得，但时间又不允许我先学藏文再做研究。

好在这两年走遍了藏西北大部分地区，逢人便问，打破砂锅问到底，并且辅之以实地察看，倒有了一些说话的依据。

对于象雄，一直是一个千载之谜，并且是若干若干个谜。随便拿一个出来，恐怕终其一生也难以有准确的答案。所以，也只能一代接一代地去研究，去续说。有些问题，甚至会成为永远的谜，没办法解开。

2009年三四月间，我又一次来到阿里这片神秘的土地，一个偶然的机会，开始了我的象雄追寻之路。由于史料缺乏而传说多讹误，我的追寻波折跌宕，甚至经历困顿与迷茫。但功夫不负有心人，艰难曲折后终于迎来柳暗花明，很快就又有了收获。

最初的寻找，还要从一次闲聊谈起。我问一位当地朋友："人们到了阿里，总免不了谈起象雄，现在能否找到象雄的遗迹？比如象雄的都城到底在什么地方？"当地朋友讲："有的，我的家在噶尔县的门士乡，那里就是象雄的故地，并且还保留有都城穹窿威卡尔的遗址。"

在这里，还要先解释一下穹窿威卡尔在藏文中的含义。穹，是大鹏鸟的意思；窿，是地方的意思；穹窿就是有大鹏鸟的地方之意，有人也译成"琼隆"或"炯隆"，只是汉字的写法不同而已。威卡尔，威（藏语的读音无对应的汉字）为银子、银色之意，卡尔有城堡、要塞之意，合起来意思就是银色的城堡。穹窿威卡尔用汉语译过来就是大鹏银城之意。有的汉族学者很有意思，只怕穹窿这个词不好理解，或有疑义，就直接把这个词留下来，而威卡尔没有疑义，就把它译成了汉文。习惯成自然，久而久之，穹窿银城这个藏汉文结合的词就成了人们称呼象雄故都穹窿威卡尔的专用名词，谁也不再追究其是否合规矩。本文也就沿用这个词了。

在西藏早期文明史中，象雄王国的都城所在地均记载为穹窿银城。自20世纪以来，为数不少的中外学者对穹窿银城所在地进行了一系列的研究与探寻，但争议颇多，并没有一个标准答案。其中影响比较大的是意大利藏学家图齐的《西藏考古记》和中国学者霍巍、张宪林等发布的考古报告。尤其是后者对位于噶尔县门士乡卡尔东和札达县达巴乡曲龙村两处遗址进行了详细考察，并基本确定噶尔县门士乡卡尔东遗址为穹窿银城遗址。对于这两处遗址，我没有一点感性认识，决心逐一探寻。

还是跳过前面的找寻过程，先从最富意义的2009年4月6日这天说起吧！这是一个晴空万里的日子，我们一行人马从札达县城经达巴乡前往冈仁波齐神山方向的曲龙村，继续一个多月来的探访，寻找穹窿银城遗址。一路边走边停、随走随看，两百公里的路竟走了9个多小时，土林奇观、玛那古寺、邦杂要塞、嘎地洞窟，无不精彩纷呈。在嘎地，我们坐在静静的河边，吃着干牛肉、方便面，说着笑着，别有风味。过东坡寺后，渐行渐高，逐步爬上海拔4800多米的不知名的大山，在山的尽头，一朵朵莲花般的祥云从曲龙村上空飘起，仿佛告诉我们今天必有所获，但这时已是下午6点。

金字塔外形的卡尔东城堡遗址及其局部。其实这个遗址规模也不算小，并不像图片看起来这样局促。金字塔外形是用一层层石块堆砌而成，证明了它的古老。遗址附近还有大规模的古代墓葬。

后来我又多次来到这里考察，也曾对穹窿银城所在地有过动摇，但最终还是坚持现在的看法。

我们搜寻一个接一个的房屋、洞窟，那分明是喧哗的人类聚居区！但是，经历了千百年岁月的积淀，这些喧哗沉寂了，可沉寂中的房屋、窑洞，如一个个黑洞洞的眼睛，注视着我们，讲述着历史。可惜，我们除了震惊，简直没有闲暇回味，自然也谈不上沟通与交流。

在四川大学霍巍教授的著作《古格王朝》一书中，我看到了他寻找穹窿银城的经历。霍巍教授寻找的地点是在噶尔县门士乡的古如加木寺（这个地方大家一定要记住了，不是因为这里是霍巍教授认为的穹窿银城的所在地，而是因为这里出土了大量汉代遗存，后面会有详述），时间是2001年7月24日。霍巍教授在寺院北侧一个被称为"穹窿·古鲁卡尔"（就是穹窿银城的意思）的地方，爬上一处"金字塔式建筑遗迹"，并找到一些散落的陶片、铁甲片、装饰品和石磨盘等物，怀疑这里有可能是淹没在历史遗迹中的象雄故都穹窿银城（专家称这里为卡尔东城堡）。后来，这一观点被越来越多的人接受并互相引用，认为那里就是传说中的象雄故都，甚至不少游客也慕名前往。在曲龙之行前几天，我也循着很多人的足迹也去找寻了，但这个遗址并不大，让人不太愿意相信曾经强盛一时的象雄故都只有如许规模，于是便有了这次寻找经历。

　　站在曲龙村的河岸上，我真的不知道，这个"曲龙"，是音译的巧合，还是我们已经触摸到了象雄王国最核心的秘密。反正，不管有没有结果，我还是要去寻找的。

　　这其实已是我们第二次来曲龙寻找穹窿银城。第一次来时，只因带路的人也没来过，把象雄河南岸的山误认为是穹窿银城，并没有发现大规模遗址，只在甘丹拉孜寺僧人的引导下参观了一个绘有壁画的山洞后无功而返。

　　这次，我们由曲龙村西头直下象泉河到达北岸，便来到传说最集中的穹窿银城脚下。抬眼望去，一座巨大的古城堡巍然屹立在眼前。历经千年风雨的残垣断壁像一场巨大的泥石流现场，一派狼藉和混乱。经过风蚀雨剥，它们与漫漶的山峰浑然一体，如果不是宏观的瞭望，如果没有仔细的分辨，古堡面目狰狞的残骸，会被误认为是危崖乱石。

　　顺着山洞前的墙坎向上爬，山崖巍峨，山梁陡峭，残垣断壁，比比皆是。经过几个小时艰难的攀爬，眼前豁然开朗，左右两侧如画的山崖高不可测、深不可测，也秘不可测，让人只觉眼花缭乱。脚下是极窄的山梁，旁边便是悬崖。险到极处时，也令我喜到极处。当我们攀上中央有一座方形白塔的山梁，顺着白塔放眼望去，面前是一个站立的大鹏，平平的山脊中央突兀出一个尖顶，如大鹏高耸的头和喙，沿着头部向两侧均匀延伸的是振振有声的双翅，双翅下边是银灰色的羽翼，每一根羽毛都清晰可见，舒展有序。而如果能从天上俯瞰，古城堡便是大鹏庞大的身躯，仰面朝上，白塔正是大鹏双脚的位置。一个偌大立体的大鹏鸟，活灵活现，栩栩如生，正在无垠的天空中自由翱翔，当真令人如梦如幻、如痴如醉。

这里是不是象雄故都穹窿银城？相信只要身处此地，便不会有人再问这个多余的问题了。

这是一种很难形容的直觉，一种让人不由自主地产生崇拜、敬仰的神秘的强烈感觉，比所有的考古数据更有说服力。

借助自然山形铸造一座城池的力量与智慧谁人能比？当属象雄人！这是天人合一的杰作，是鬼斧神工之笔！目睹这样宏大的遗址，我没有语言来形容内心的震撼。在正史中，我们读到了游牧民族的强大，但更多的是落后，我们似乎忽视了，游牧民族也有无比的智慧与力量。作为青藏高原上曾经的以游牧为主的大国，象雄以这样恢宏的王国遗址给我上了一课。站在穹窿银城上，眼前可见的房屋、窑洞，其容量何止千人万人？遥想当年，这里该是多么的繁华与高傲，甚至可以藐视一切。我知道，面前的这座穹窿银城承载的不仅仅是一座山、一座城市，更是古象雄人的智慧与力量，一段灿烂辉煌的历史！往事越千年，一切都如一场梦一样消散了，这里如何兴建，如何繁华，如何灭亡？谁会记得这里的深宫往事？谁能知晓这里的欢喜悲哀？

站在这气势磅礴的残垣断壁之上，我的耳边仍不时传来震天的搏杀声、坍塌声、碎裂声，仿佛一场战争刚刚结束……那是铁拨铜琶弹奏出的悲凉慷慨之音，那是巨人倒地时的震天回响，那是象雄覆灭时天空如血的残阳。

在穹窿银城上发现的洞窟，或绘有壁画，或摆放了擦擦，或有居住过的痕迹。

其实，走过这山脚下的人不在少数，应该也不乏好奇之人曾经攀援而上，但真正身临其境指认此地为穹窿银城者，却寥寥无几。霍巍先生对此处遗址进行过考古发掘，认为是象雄时期的遗址，结论是年代要比噶尔县门士乡的卡尔东遗址晚。西藏自治区社会科学院以研究象雄文化著称的学者次仁加布则认为，这个城堡就是大鹏的形象。

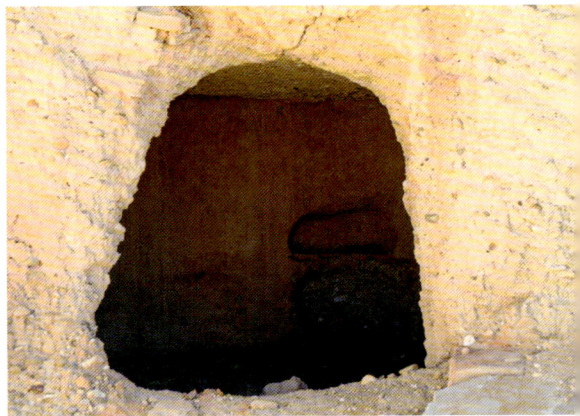

　　从白塔下来，再往前走，正面一个洞窟内竟有壁画。洞窟不大，进深只有一米左右，宽、高两米左右。正面是上下两排四尊佛像，佛像周围有枝叶缠绕，两侧也有佛像壁画。壁画只有绛红和黑色两种颜色，从风格看接近苯教风格。在不远处的一洞窟内，还摆放着很多绛红色的"擦擦"（西藏的一种脱模泥塑）和小佛塔。抑或，这里只是少数神秘修行者的修行之地，因为并没有看到大规模的寺庙建筑群。

眼看无路可走，忽然发现一个墙洞，可以出入。于是俯身钻出墙洞，眼前又是一番景象：两三百米高呈半弧形的银灰色悬崖绝壁，这是大鹏的左翅。低头一看，不禁浑身冷汗，万丈悬崖就在脚下，稍不留神就有可能坠入深渊。无奈心中充满好奇，只好大着胆子站在悬崖边上眺看鹏翅之风姿。其翅下那无数方形的、圆形的、不规则形状的山洞，不要说当时开挖有多艰难，就是现在也无法攀登。其中究竟有多少秘密，只能留给有天大胆量且具备条件的考古工作者去探寻了。

　　从墙洞回来，再往前有一个三四十度的沙石斜坡，同行的洛丹说再往上去更危险，劝我们不要上了。我仔细看了看，虽然坡度陡峭，沙石很滑，但似可以攀登。于是不顾劝阻继续攀爬，俯下身子匍匐而上。大约爬了二三十米，又上到了一个新的平台，一个二三百平米的小广场。抬眼一望，几十米高的巨大建筑群昂然而立，气宇非凡！如刀切的土墙上，砌起巨大的城堡，虽然只剩下残垣断壁，但其规模依稀可见。

　　这组建筑该是城堡的顶点，也应是群堡的核心位置，推想起来应该是王宫所在之地。下边土壁上是大小不等的山洞。我希望找到那天梯，或暗道，登上顶峰，把整个城堡俯瞰个究竟。但费了很大功夫，实在找不到能够攀登的路，只有望顶兴叹，留下遗憾！我把能走到的山洞一一看过，再凝神许久，才恋恋不舍地寻找下山之路。

　　世间有些事，你想弄个究竟，就是弄不明白；你不去想它了，却往往"车到山前必有路"，一切迎刃而解。

　　俗话常说，下山倒比上山难。所以，上山时最大的担心倒不是能爬多高，关键是怎么下来。那一个个险处，确实让人发怵，甚至做了很坏的准备。结果却出乎意料：在山的西侧，地势较缓，好像是条路，但又实在看不出路在何方。行走在碎石间，虽然磕磕绊绊，但比上山时还是容易多了。

没走多远，看到一个洞窟里边堆满了动物骨头，像是羊的腿骨。苯教有杀生祭祀的习惯，这个洞窟很有可能是当时祭祀用的。（当然，用现在的科学方法，要想测定这些腿骨的年代并不难。）一路下山，不断看到有趣的东西，比如刻有图案的花石，古遗址中散乱的遗物等。一些较大石块可能是用于防御的。

在穹窿银城遗址上发现的一些石器、铁器等。

　　从西侧下山还有一个目的。在马丽华的《风化成典》一书中，选用了一幅说明穹窿银城的图片，我们一路上山，并没看到此景，洛丹说在西侧可见，我们就边下山边寻找。就在快要下到山脚时，找到了图片的拍摄地，于是对照着书中的图片，如法炮制一番，拍摄了几乎同样的照片。不知原作者是否曾经登上银城，如果没有，岂非巨大的遗憾！也许正是因为从这张照片来看，不足以说明穹窿银城的宏大，因此也难以认定这就是穹窿银城，所以人们又到噶尔县门士乡去寻找另一个传说中的穹窿银城。

　　下山后我看了看表，19点49分。夕阳西下，浓云密布，原来的莲花云朵忽然化作温柔细雪，飘飘洒洒，伴我们踏上归程。看着窗外的雪花，我的心情久久不能平静，一直遥想当年象雄繁华与衰亡的情景，但却得不出任何结论。当我们到达门士乡，上了柏油路，雪戛然而止，晴空又浸漫了上来……

后来，我忍不住又去了两次札达县达巴乡曲龙村的穹窿银城，受到一次又一次的震撼。最后一次一位当地人把我带到近山顶西侧的一处据说是苯教的修行洞，这里还有一些残存的壁画，被熏黑了的墙壁足以说明此洞的古老，只是壁画的内容看不大明白。

穹窿银城山顶西侧一处据说是苯教徒修行的山洞。

铜质和木雕的大鹏鸟形象。

      这里到底是不是穹窿银城？直觉之外，我也忍不住做了些案头工作。

      对大鹏鸟的崇拜，起源于对自然的崇拜。在远古时代，人们希望有一种巨大的动物把人类带向天空，探索其中的奥秘，解脱人世的烦恼，大鹏鸟就充当了这样的角色。《庄子·逍遥游》中讲的鲲鹏估计是同一种想象，到底哪个在先、哪个在后，还是巧合，说不清楚。

西藏把大鹏鸟叫作"穷"。在高原大地上，包含"穹"或"琼""穷"的地名很多，这应该与藏族先民普遍把大鹏鸟作为吉祥的神鸟有关。认定穹窿银城，首先要找到与大鹏形状相似的山形地势。

被不少人认定为穹窿银城的卡尔东城堡，位置在距札达县达巴乡曲龙村十几公里的噶尔县门士乡古如加木寺北侧。我在此处考察时，并未发现何处地形像大鹏。我认为，仅从字面意思来讲，认定穹窿银城至少需具备以下几个条件：一是有一个像大鹏的地方，或山形或地势；二是这里所讲的银色肯定是有所指的，是山的颜色还是地的颜色？应该是和色彩有关系；三是必须是有城池、城堡。卡尔东城堡具备了城堡的条件，但不具备前两个条件，因此，把它认定为穹窿银城，是站不住脚的。而曲龙的城堡则同时具备了以上三个条件，因此，在曲龙村探寻到的城堡应该才是真正的象雄故都——穹窿银城。

据《敦煌吐蕃历史文书》之《赞普传记》记载，松赞干布将胞妹萨玛噶嫁给象雄王李迷夏之后，曾遣使卜金赞芒穹去穹窿银城看望萨玛噶，萨玛噶在歌中描述了穹窿银城的情况（本书第一部分曾有引述）。歌云："我陪嫁之驻地呀，是穹窿银堡寨，他人均谓地域宽广。从外观看是险峻山崖，从里边看是黄金与宝石"，"从外观看，苍白又崎岖"。这段记载，应该说是描述穹窿银城外观的"第一手资料"，我们看到的穹窿银城与此表述基本一致，虽然看不到里边的"黄金与宝石"，但从城堡的规模来看，当时的辉煌可见一斑。第一次到门士的卡尔东城堡，登上古宫殿的遗址，我也差点认为那里就是穹窿银城。可两处一对比，用一位同伴的话说，门士的卡尔东城堡充其量是札达穹窿银城的一个"边防连"。话虽尖刻了些，但从门士卡尔东城堡的地理位置来看，处于三河汇流处，一山独峙，居高临下，实乃经冈仁波齐神山通往吐蕃的咽喉要道、象雄王国的东大门，确有"一夫当关、万夫莫开"之势。两处遗址虽相隔十几公里，但其间的从属关系肯定是存在的，即穹窿银城为都城，卡尔东城堡为重要关隘。

当然，作为一个游牧大国，我认为象雄的都城一定不止一个，或者说并不固定，甚至有几个都城同时存在的可能。位于现在那曲境内的当惹雍错和昌都地区的丁青都有人认为曾是象雄都城所在地。不过，卡尔东城堡与曲龙村的穹窿银城遗址相距甚近，同时作为都城的可能性几乎没有。

后来在资料里看到，在国家文物局的支持下，由四川大学中国藏学研究所、四川大学考古学系与西藏自治区文物局联合组成的象泉河流域考古调查队于2004年6至8月赴象泉河流域，对中方境内沿岸文物古迹进行了调查，在以往工作的基础上取得了重大的进展。在他们形成的考古报告中，提到了"穹窿村遗址"，这个遗址位于象泉河北岸一条呈南北向分布的山谷内，其南面为象泉河谷，北面背靠山麓，其东西两侧皆依山体凿窟，是一处现存有寺院建筑、洞窟、玛尼墙、佛塔等遗迹在内的大型遗址。各类遗迹基本分布于一条呈南北向的山沟内，南北长约500米，东西宽约100米，遗址占地总面积约50000平方米。遗址以最北端的山崖部为其最高点，在其上残存有城堡一类的建筑墙体遗迹，墙体残高约14米，石砌地基高约7米，在石砌地基之上以土砖垒砌墙体。遗址北面山体周围分布有石窟约30座，其中靠近山顶处的一座洞窟为修行洞窟，调查时发现洞窟内遗留有近代苯教信徒修行的痕迹。

根据以上描述，这个遗址应该就是我所认定的曲龙村穹窿银城遗址，只是没有早期文物考古的支撑，也没有认真分析其特征，所以考古调查队未加以确认。

当然，作为一个非专业人士，我并不笃定自己发现的就是古老象雄王国的穹窿银城。截至目前，我的判断依据仍然是形似大鹏鸟的地势与史书的记载极其相似，再加上自己的直觉而已。在本文中，我愿与大家共同欣赏，鉴别，寻找。

不过，对我来说，最重要的是寻找之中的震撼与惆怅。面对穹窿银城，翻着史书，遥想当年，可以在孤独中看到崇高，在破灭中看到强大。"前不见古人，后不见来者，念天地之悠悠，独怆然而涕下！"这是陈子昂的孤独追问，也是人类面对浩瀚历史和无限时空的无奈与怅惘。在历史的长河中，我们都只是荷马史诗中那长长的远征队伍中蚂蚁般的一个人。横空出世的英雄改写了历史，但，任凭你是怎样的豪杰，最后都只是归于尘土，山依旧青翠，水还是碧蓝。千年英雄千年梦，一切都融化在纯净透明的空气中，无论是血腥的战场余烟，还是缠绵悱恻的甜脂腻粉。

风吹过，雨淋过，或许只有天空的白云看见过。

多么伟大的文明，却几乎被历史所遗忘。此刻，脚下的穹窿银城沉默无语，不由让人倾珠落玉，为之断肠。

可历史就是历史，虽然可能一时被遗忘，但并不排除在某个节点上闪闪发光。其实，学术界关于象雄王国的种种猜想都并不重要，重要的是我们要尊重历史，承认象雄在西藏高原的存在以及对西藏高原经济社会文化发展所作出的巨大贡献。在历史教科书中，应该有象雄足够的篇幅，而不是一两页传说。毕竟，在古老的西藏高原上，象雄曾经撑起了半边天，统治了高原大部几百年，留下了深深的历史足迹。在西藏文化的历史天空中，曾经有两个文化中心，一个是吐蕃，另一个就是象雄。象雄与吐蕃是同为西藏发展进步作出巨大贡献的"双子星座"，都创造了灿烂的文明，并且象雄先于吐蕃而存在，它所创造的历史辉煌绝不逊于吐蕃。

当时，我在设想，如果在狮泉河或札达建一座象雄博物馆，供人们参观，追忆曾经的象雄，应该很有意义。也许有人会说，没有什么可以展示的东西。错了！象雄的遗存在高原这种特殊的气候条件下，是数不胜数的。在阿里大地上，只要稍加留意，就能发现不少历史遗迹，比如众多的宫殿遗址、数以万计的洞窟、岩画壁画、古墓葬等。只要稍加发掘整理，肯定会有不少惊人的发现。还有那多如牛毛的传说、故事，以及古老优美的歌舞，其中肯定不乏关于象雄的内容。2023年8月，在多方努力下，阿里博物馆在第八届象雄文化旅游节期间正式开馆，其中设有象雄文明展厅，这是可喜可贺的，希望它为象雄文化的保存、传播发挥应有的作用。

过去，多少人梦寐以求，只因气候和不便的交通而望阿里兴叹。现在，随着阿里昆莎机场的开通，一个个愿望将变成现实，旅游热潮也已经在阿里大地兴起。我只希望，在人们在饱览美景的同时，不要忘记沉默的象雄，以及在山崖上孤独千年的穹窿银城遗址。

在大海一般寥廓深邃的历史天空中，一片云悠悠地飘来了，那是古老象雄的神秘面纱，把象雄王国厚重的历史、独特的文化和神奇的风貌展现在世人面前。

舢摸这片云，那些几乎已经失去的历史会重新回到我们的记忆之中。

再访穹窿银城遗址

象雄都城遗址问题，一直是学界和社会关注的焦点。象雄的都城是穹窿银城，无论是历史记载还是民间传说都证明了这一点，没有任何问题。关于穹窿银城在什么地方，目前主要有两种说法，一说是噶尔县门士乡的卡尔东，一说是札达县达巴乡的曲龙村。前面也讲述了我对象雄故都穹窿银城的判断和认识。我对穹窿银城遗址的确认，是综合各方面情况尤其是民间传说提出来的，并不是完全凭空猜想。但说实在的，我还是心有疑虑的，一种不安的情绪始终困扰着我，生怕因无知给学术研

威卡尔麦隆

究带来负面影响。毕竟，我们对那个时代的情况知之甚少，很难拿出更加有力的证据。

有压力才有动力，不断研究、搜寻证据成为我努力的方向。2013年，我再次来到曲龙村。在曲龙村深入探访的日子里，村民们都十分肯定地回答这里的穹窿银城就是象雄王国的故都。他们绘声绘色地讲述所知道的穹窿银城，讲传说、讲故事、讲来龙去脉。从他们的口中得知，现在我们看到的穹窿银城是后来形成的，有一个更早的银城，就在村庄东边的后山上。当地人叫这个遗址威卡尔麦隆，是明镜城堡的意思。也就是说，曲龙村的穹窿银城遗址有两个，一个是现在村民所说的村庄东边的威卡尔麦隆，一个是我之前认定的村庄西边的穹窿银城。

远眺威卡尔麦隆

在村民扎西次仁的引领下，我爬上了威卡尔麦隆遗址。放眼望去，一座古老沉着的山崖古城就在眼前。其山势之险峻、地形之隐秘、道路之崎岖、洞窟类型之复杂，绝对不亚于穹窿银城遗址。据扎西次仁说，在城堡的上面原来有一个湖，为城堡提供水源，现在已经干涸了。城堡坐东朝西，隐藏在山中，不易被发现，加上地势险要，易守难攻。从上往下眺望，象泉河一览无余；而从下往上看，则很难与城堡联系起来。在城堡的下面，佛塔等遗迹依然清晰可见，这就是早期甘丹拉孜寺的遗址。后来甘丹拉孜寺随着城堡的迁移而迁移，现在的寺庙已经是第三次易址重建了。

　　在城堡北侧下部，仍存有一个礼佛洞窟，面积只有不到十平方米，里面绘满了壁画，以佛像为主。

　　由于时间关系，没能登上山顶，不能不说是个很大的遗憾！至于象雄王国为什么迁都，村民介绍说是因为当年发生了一场大地震，把威卡尔麦隆毁坏了，所以逐步迁移到象泉河北岸的穹窿银城。20世纪七八十年代修水渠时，在威卡尔麦隆的山脚下还挖出了一些墓葬。由于当时没有想到这些墓葬的价值，只当作一般墓葬处理掉了，并没有留下任何有价值的物品，不能不说是一个遗憾。从古如加木寺附近墓葬群的出土情况来推断，此处作为都城，附近的墓葬应不在少数，我们期待着新的发现。

洞窟全貌

　　威卡尔麦隆的修建时间目前没有史料支撑，但和之前我认定的穹窿银城遗址的修建肯定是先后顺序。威卡尔麦隆的出现会不会影响后一个穹窿银城的认定？我认为有影响但影响不大，因为两个遗址距离极近，同属一个区域，从规模以及人们崇拜的程度来看，后者无疑是象雄鼎盛时期的都城。如果把两处遗址作为一个整体，更显示了象雄故都的庄严与繁华。正如无数的古城和现代的大都市一样，大都临水而建，一水分两城，无论南北，无论西东，也无论阴阳，总有先建后建，后者的规模无疑都胜过前者，而名字仍然继续沿用，一如明清的北京城，除了学者，一般谁也不会在意其曾在辽代称燕京、金代称中都、元代称大都。

洞窟内的壁画

玛尼石透露出的秘密

对于古迹身份的证明，查找文字记载，无疑是学者们孜孜以求的路径。关于穹窿银城的记载，大都零散地深藏于宗教典籍之中，而这些记载，又大都记事不记地点，因为在记载者看来，这不是明摆着的吗？可是他们没有想到，历史的变迁太快了，千百年后，物事全非，后人再想确认那些遗址就得费尽周折了。前人的疏忽给后人留下无数难解之谜，而最能证明遗址存在的，仍莫过于文字的记载。2013年到曲龙村访问时，我在穹窿银城遗址山下发现了一批以祈祷为主要内容的玛尼石。在当年阿里首届象雄文化研讨会上，参会人员对穹窿银城遗址在曲龙村的判断进行了探讨，尤其是曲龙村村民扎西次仁的发言，集中了村民从祖上流传下来的说法，辅之以几通搜寻到的石刻，给与会人员留下深刻印象。会议之后，我对考察情况进行了初步整理，选取几通有代表性的玛尼石和佛像铭文就教于有关专家，结合已有的研究成果，经过进一步比对、研究，进一步确认曲龙村就是象雄故都穹窿银城遗址所在地，这些玛尼石刻也成为确定穹窿银城遗址的有力证据。

历史经常与后人开玩笑，有意无意之间，谁能想到在穹窿银城脚下庞大的玛尼石堆下面，不仅仅有大量刻有六字真言和短经文的玛尼石，而且还有记载为什么刻奉玛尼石原因的玛尼石？这些玛尼石上不仅刻有关于穹窿银城的信息，而且信息量还很大，它将帮助我们逐步揭开一个个关于穹窿银城的故事。如果分类，不妨称它们为祈愿玛尼石。

这些祈愿玛尼石大小薄厚不一，上面的文字大部分是随着石块的自然形状而刻，字体有阴有阳。石刻的内容不但记载了向穹窿银城祈祷的内容，还记载了祈祷的原因、具体内容及祈祷人的姓名，包括所代表的亲属的姓名和称谓、刻石的数量等，甚至刻石人也名列其中。下面仅选取四通石刻作一简要分析。为便于分析，我们以施主的名字为依据，给它们编个"字号"并以碑相称。

贡布碑

　　愿得吉祥成就！法身无量光、报身如来佛祖、化身莲花生大师的所有言传喇嘛顶礼。喔吁！最俱慧缘之南瞻部洲方向，山高地灵之吐蕃雪域，冈底斯雪山和玛旁错附近，象泉河之左，王都穹隆银城所在地，施主贡布为了给去世的父亲超度，石刻九百句六字陀罗尼咒，并立此碑。吉祥如意！

贡布碑

121

央东次仁碑

愿得吉祥成就！出入世得道成就之如来佛祖，光明二障之如来佛法，解脱涅槃之如来佛僧等三宝顶礼！冈底斯雪山和雅鲁藏布江之左，天时地利之王都穹隆银城所在地，如来佛法之言传虔诚信焉地，喔吁！大氏族莫洛之后裔，施主央东次仁为悼念得道高僧平措坚参、洛次丹巴两人所积之德和悼念去世的父母及亲人。喔吁！石刻五百句六字真言。施主桑姆及女儿杰宗、贡嘎姆、米占普赤、嘎如热朵根洛桑桑珠等人为芸芸众生解脱得道而祈祷，为家乡繁荣昌盛而祈福！善哉！愿财神护法保佑！愿本主天母保佑！大氏族之后裔，石刻六千句六字真言。刻之三百句六字真言。愿芸芸众生得以修成正果。

阿尼吾金碑

顶礼观世音菩萨！（梵文，以下为藏文）顶礼无上观世音菩萨！上师之法座喜足尊胜洲之地，施主为大氏族穹之后裔，为悼念阿尼吾金的上师圆寂，特刻言教之精髓罗陀尼咒六千句。其刻石者曲扎。愿芸芸众生得以修成正果。善哉！

特别让人惊奇的是，竟有一个近一平方米的石块，上面的文字密密麻麻，工整流利，有数百言之多。经过翻译，一个史书不曾记载的故事出现了。

央金贡布碑

　　向观世音菩萨顶礼！圣尊与智能集于一身，身兼十万种身言心之变幻，启动利众生之转轮舞，全知的三界之顶饰，正直之习性永不动摇，身披广闻之加持衣，三戒学宝贝装扮的躯体，愿佛法胜利幢乃高飘扬。世间霸王大变幻之镜，勾住天下之虔诚之心，满足众生之不同愿望。向藏地百姓之福分顶礼，无量寿佛之恩德广为天际，观世音慈悲厚如云层。六字真言的甘露之哺育者，向实现众生之愿望者顶礼！在此世界之雪域大地上，包括喃喃学语的孩童在内，均自然发出六字真言妙音，人人被观世音加持。若能敬拜各自敬仰的神灵，则无疑快速达到圆满之目的，更何况在物欲横行的今天，要想通往西天极乐地——莲花座、依坐在无量寿佛膝下、掌握无上之法宝，无处可寻如此之佛法。甚至犹如太阳的人上人啊！积德深广如大海，降服所有外道之见，上供佛祖，下施民众，次乃遵从王之意愿且得民心。央金贡布等，虽心怀大志、身兼大担，但在此所叙述仅是海水之一滴。阿里大地的核心之地穹孜，乃具备十善吉祥之美名，为了自身和他人积德行善，观世音菩萨之箴言被刻于石板上，其数目多达两万三千多条。诸友人及兄弟给予赞助，且有天生丽质的尊夫人，她们的心镜明如皎洁之月亮，貌美似利益百姓而怒放的莲花瓣，曲吉妃乃犹如尺尊公主，扎西妃则像文成公主，生育了聪明伶俐之王子。所有王子怀有利他之心，与天之神子无异的太子们，心向统一如一人，替父母治理天下。承担此次刻石事务之人，对待百姓犹如丝绸般柔美，对待外地恰似天雷。所有事项依照坚参头人的命令完成。工程期间饮食等……十三位石刻大匠用时五个月完成。愿包括此等善业，益于佛法之兴盛、传法者的安康、钻研经道之人悟道。愿世间王道昌如夏季之大海，一切更上一层楼。所有贡献茶供、各种供品、遗迹提供搬运石土等值劳务者为主，天下所有众生，将永不脱离观世音菩萨之慈悲之勾。愿所有众生带向极乐世界，愿善业和平充满人间，愿世间风调雨顺，得丰收。愿人人过上富足美满之生活。愿人们享受幸福，特别是施主及其身边之人们，获得兴旺与安康之气，时代繁衍生息犹如长流不断之河流。愿众使臣们腾达如空中满月。官人以礼仪与和平治政教事务,臣民要顺从国王之命,人人修习带来永恒之幸福的佛法,愿众生心想事成。愿犹如无限天空的法体、无障碍的龙骨显坦诚、无上六字真言之光芒,照亮天下众生之愚昧之心。

央金贡布碑

以上四通石刻的年代目前没有经过考证，但绝对是确认穹窿银城所在地最直接、最有力的证据。施主们刻石所供奉的，都是距冈仁波齐神山、玛旁雍错神湖不远处的象泉河边上的穹窿银城，而这四通石刻均发现在穹窿银城脚下的玛尼堆中，且只是众多碑刻中的一部分。如果仅发现零星的石刻或许还可以质疑它的真实性，但众多石刻出现在同一地点，其可信度就毋庸置疑了。

这些碑刻的数量可观，内容丰富，价值巨大。在下面到底还有多少这样的刻石，无法统计，会有多少发现，更难以想象。在阿里大地上是不是还有更多的刻石，答案应该是肯定的。如果就地建造一座刻石博物馆，会不会引来世界的目光？会不会帮助我们揭开一个又一个古老的谜团？我们已经有了初步尝试，答案也是肯定的。遗址重要，文字证明更重要。何况这些玛尼石的形制、文字、图案、刻法都是具有自身特点的，我们似乎触摸到了玛尼石的早期形态，触摸到了玛尼石与象雄、与苯教、与原始文字的依存关系。

这些玛尼石自成体系，一组一组排列有序，少的几块，多的几十几百上千块，上文提到的央金贡布刻石则多达两万三千块（条），由13个匠人费时五个多月完成。这也反映出施主雄厚的财力，由此说明当时的生活并非我们想象的那样艰辛。

这些石刻反映了当时人们的生活状况和宗教习俗，值得深入研究。我觉得至少可以得出以下结论。

一是这些石刻署了施主的家族及名字，说明这些家族在历史上的存在。从石刻内容来看，署名的家族有"大氏族琼之后裔""大氏族格之后裔""大氏族杰之后裔""大氏族莫洛之后裔""噶尔罗氏"等。特别是施主名字也明确标出是"阿旺热巴""格玛才让""贡保"等。有的把亲属的称谓也记载其中，如"施主桑姆及女儿杰宗"等。仅这几个家族，就足以勾画出当时阿里人丁兴旺的胜景。尤其需要注意的是阿尼吾金碑中"穹之后裔"的提法，对施主身份断定具有重大意义。"穹"即为大鹏鸟，以大鹏鸟为标志的氏族，无疑是象雄正统的后代。这样一个家族能够延续下来，实在是一件幸事。

二是石刻表明对标志性事件如亲人亡故、喜庆、祈福、忏悔等进行刻石供奉是当地的一种习俗，其中有宗教尤其是苯教的影子。为了信仰，远古的人们不惜重金刊刻真言和经文，一次少则刻几十块，多则几百乃至上千上万块，这在当时的条件下并不是一件简单的事。这些石刻的内容以六字真言为主，但同时有一通管总的刻石，说明刻石的缘由以及刻石的过程等内容。以上所列就是这一类。想来，刻毕之时，一定会有许多神圣多彩的安放活动，可惜目前还没有发现相关仪式的踪迹。石刻反映出的信息，为文字沿革、语言特点、图案构成、刻字形式等方面的研究都提供了很好的材料，尤其是石刻中有大量人物的信息，上到王者、王子、后妃、官僚，下到各色施主甚至匠人这样的平民百姓，可谓丰富多彩。

三是玛尼堆是从下而上有序堆积而成，现在见到的是表面的玛尼石，石刻内容为断代提供了一定的依据。从发现的玛尼石可以判断这些人是象雄人的后代，崇拜的是象雄故都穹窿银城。这个主题应该没有疑义。那就是说，从古到今，对象雄穹窿银城的崇拜是有历史的。选择穹窿银城而不是古格的都城，肯定有其特定的原因。至于有没有苯教的东西，现在下结论也还过早。另一种解释是：早期的象雄虽然不存在了，但有可能还存在一个小王朝，与象雄一脉相承。这样的例子在西藏历史上是有的，比如拉加里小王朝。在交通不太发达的时代，相对的隔绝也有可能让象雄与古格分成两个相对独立的单元。其实在一些史书中我们也时常能见到在吐蕃灭象雄之后，还不断出现"象雄""羊同"字样。比如《敦煌吐蕃历史文书》之《大事纪年》就记载，在吐蕃灭象雄20多年后的公元653年，吐蕃"以布·金赞玛穷任象雄部之岸本"；677年"象雄叛";724年，"由论达古日则布集会征羊同大料集"。这些记载都说明，象雄作为吐蕃的一个部落或小邦是存在的。话说回来，古格又何尝不是吐蕃的延续？

四是刻石内容的文学价值甚高。刻石的文字流畅朴实、工整优美，反映了当时的文学水平，说是范文一点也不过分。文中对佛的赞颂、对人物的刻画都有如诗歌一般。对神山圣湖、雅鲁藏布江、象泉河等自然景物的描写也十分优美，勾画出了阿里大地的美丽画卷。尤其是对穹窿银城的赞颂几乎无以复加，体现了人们对穹窿银城的尊敬和景仰，可以说穹窿银城就是他们的信仰所托，是佛陀信仰的具体化。

五是央金贡布碑透露了象雄或古格的一段历史镜头：曲吉妃、扎西妃养育了若干"与天之神子无异"的太子们，不止是一人。这些太子十分团结，"替父母治理天下"。这是哪一段历史，很难查找，只能寄希望于未来的发掘中。这里讲到尺尊公主和文成公主，虽然是借她二人作比喻，但无疑是把她们当成了榜样，可见二人在西藏历史上的地位。

在此，我要感谢丹增伦珠先生和塔尔青先生，他们不仅专程到曲龙村实地查看，而且还帮助将藏文译成汉文。

在曲龙甘丹拉孜寺内，有一尊镇寺合金佛像，佛像须弥座下端刻有一圈文字，内容同样是献给穹窿银城。

综上所述，曲龙的穹窿银城有两个，一先一后，前边的称之为威卡尔麦隆，后者称之为穹窿威卡尔，即穹窿银城。说白了，都叫穹窿银城。新发现的威卡尔麦隆不但不影响对穹窿银城的认定，而且是对穹窿银城的强化和固定。穹窿银城玛尼石堆中的祈祷文和甘丹拉孜寺佛像上的刻字都表明了穹窿银城在曲龙，曲龙即穹窿，只是汉译的不同写法，藏语是一个意思。穹窿银城作为一个行政村的村名后简称穹窿，再正常不过了，这个地方就是现在的札达县达巴乡曲龙村。

佛像须弥座上的铭文

惊世王侯铭文锦与金面具

象雄有很多神奇神秘的东西，有的为人所知，但更多的则深藏不露。把阿里比作一个巨大的立体博物馆并不过分。在这片土地上，只要稍加留意，就会带来无比的惊喜，甚至是惊人的发现。仅就这两年在阿里匆匆的行走，就有了不少的收获，愿在这里与大家共赏。

阿里地区噶尔县门士乡古如加木寺是一个并不出名的小寺庙，始建于1936年，为苯教寺庙，甚至可以说是为了纪念辛绕米沃而建。寺庙虽然建立时间不长，但其重要的地位却不容忽视。特别是寺庙后山上的一个山洞，据说就是苯教创始人辛绕米沃修行并创立苯教的地方，寺庙也就因人而名。阿里地区的民俗专家米玛次仁告诉我，2006年在古如加木寺门外公路边出土了一个墓葬，里边有一些陪葬品，其中有一块丝绸，上边还有汉字。在出土不久，他曾经到现场看过，并且拍了照片。这引起了我极大的兴趣，便约着当地朋友一起来到古如加木寺。米玛次仁是个阿里通，对阿里的历史文化民俗都有研究，这次特意把他请来做向导。

一到古如加木寺，寺庙负责人索朗便给我们介绍了墓葬出土的有关情况，但并不详细。而且，我们也急于想看到墓葬出土的物品，于是便匆匆忙忙地由寺庙僧人带着，到了一个新修的经堂。细心的僧人们把墓葬中的东西整理后保存在玻璃柜里。在接近那些文物的一刹那，我们惊呆了。特别是见到那华美的铭文锦时，我甚至要顶礼膜拜了！它给我们传递的是古代中原文明的消息。还有那个精致的草编筐，那些浑厚古拙的青铜钵、陶罐、金箔等等，无一不让人浮想联翩。

一件件的实物依次在我面前铺开，随之铺展的还有多种文明在古老象雄相遇、交融的美丽与奇幻……

古如加木寺后面据说是辛饶米沃修行并创立雍仲苯教的山洞。

　　当然，最吸引眼球的当属那块有汉字的铭文织锦。这块织锦被放在
一个大约50×35厘米的镜框内，呈褐色，布丝非常细腻，并非一般的丝
织品。织锦的实物比我想象中略小，上面布满对称图案，能够识别的有
龙、虎、凤凰、羊、鸟等。特别是在图案的缝隙中，还有几个汉字，能辨
认的有"王""侯"，似还有"宜"字，均为小篆体，是小篆向隶书转变时

期的风格。在凤的身上，也有"王"字。为了表述方便，我们就称它为"王侯铭文锦"吧。

最初，我们还以为有个"羊"字。经过多次辨认，同伴小魏有了发现，他说这个"羊"字应该是"侯"字的倒写。仔细一看，证明他的辨认是完全正确的。看来，考古也不一定非是专家，小魏对考古可以说是一窍不通，但他有这样的发现，也真是有心人了。

据参与挖掘的僧人讲，这块织锦在出土时是用来包裹头骨的，其他骨骼都是分散的，用丝织物和麻织品分别包裹，这显然是个二次葬。

古如加木寺出土的有"王""侯"等汉字的铭文锦。

丝织物来自何方？不会有什么悬念，肯定是内地的，汉字就是最好的注脚。至于是哪个朝代的，只要是稍有古文字、古织物图案知识就可以断定是汉代的。丝织物出土时非常鲜艳，出土后逐步变暗，成了现在的褐色。出土时的幅面也比现在的大，由于空气的作用，边缘已经腐蚀，现在可见的，是一大一小两块拼接而成，能不能复原，只有请教专家了。寺庙里有自己的办法，用两块玻璃将这块织物夹在一起，避免了进一步风化，使得我们能够见其真颜，否则真要遗恨千古了。

在墓葬里有一具人体骨骼，似男性，骨架颜色如新，一点不像几千年前的。出土的还有三个大小不一的铜钵，直径分别有四五厘米到六七厘米，底部已经腐烂，边上也已经锈迹斑斑，甚至有的底也掉了。后来听自治区博物馆的同志讲，这样的铜器在西藏的考古史上也是第一次发现。还有几块金箔饰品，索朗说出土时看着像内地丧葬用的纸钱，中间有方孔，但到底是做什么用的说不清楚。有两个木制供几，上面隐约可见彩绘的图案，木质很轻，材质无法断定。做棺木用的木板大都完好。几件陶器，其中有一个圆底陶罐，很精美，和成都三星堆、金沙遗址出土的陶罐有相似之处，圆底，不能平放，只能放在有支撑物的物体或沙土、地坑上，直径约十几厘米，高约20厘米。另有两三个直径两三厘米相对粗糙的平底小陶罐，是祭祀用的，出土时摆在供几上。有一个草筐，其精细程度引人注目。还有一把木质勺子，其结构有点儿复杂。另有凝结后的食物残渣，是青稞？是茶？分不清楚。还有一把铁制长刀，一件长矛，都已经折断。到底出土了多少件东西？应该有几十件之多，具体没做统计。在陈列的物品中，也有以前从其他墓地收集的几件陶器，需专业工作者与见证人认真加以核实。

凭直觉，我感到这绝不是一些简单的陪葬品，而是一个个有力的历史物证。这些神秘之物的来源是内地毫无疑问，但怎么来的？是北丝绸之路，是南丝绸之路，还是古印度？这些问题有待下一步的考证。

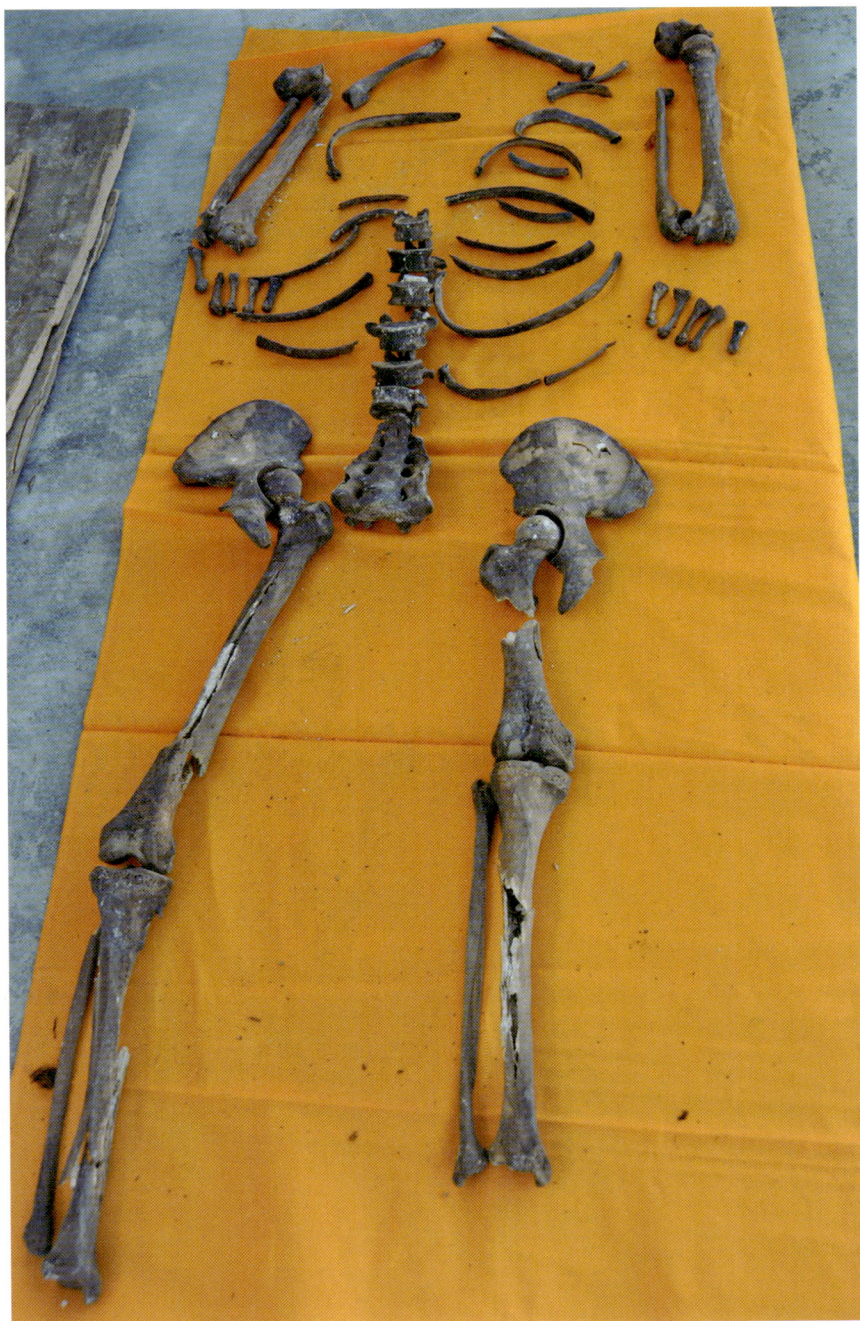

寺里的僧人和米玛次仁向我们讲述了当时出土的大致情况。2006年5月的一天，一辆满载货物的大卡车从寺庙门前经过。由于车辆稍稍偏离了公路，突然被陷住，且越陷越深，后来好不容易把车拉出来了。人们觉得蹊跷，便顺着陷坑挖下去，挖到4米左右时，发现了洞窟、佛塔和随处散落的石臼、铜碗等物品。几根木头覆在一个石砌的坑上面。把木头取开，下面竟是一个墓葬。里面的骨骼保存完好，没有腐烂的痕迹，只是分段被丝织物包裹着。骨骼边上摆放着其他随葬品。墓葬是一个石砌的洞穴，用材并不整齐。里边的棺木已经不能辨认，出土的大量碎木片应该是棺木残片。我们到这里时，墓葬坑还裸露在外边，后来，他们建了一个简易的房子，把墓穴保护了下来。

由于来的时间太紧，我并没有详细了解墓葬出土的全过程。离开古如加木寺之后，一连串的疑问接踵而来：到底出土时是什么情况，能不能复制一番？尸体是如何摆放的，主人是什么身份？丝织物放在什么地方，是做什么用的？还有没有其他蛛丝马迹，能够进一步证明墓葬的历史、定制？墓葬和象雄和苯教是什么关系？一堆的问题让我很难释怀。

终于，10月7日，我再次来到古如加木寺。

这次，我把重点放在对一些细节的询问上。寺里有一位年轻的僧人次成加措，当时就在发掘现场。他说，墓葬里的骨骼并不是一个整体，而是分成几个部分，用麻或丝绸层层包裹起来，一般都有好几层，其中内层的麻布或丝绸有焦痕，估计是用火烧焦尸体后才包起来的。至于为什么这样处理，分析有两种可能。一是按照苯教的习俗，有把尸体进行处理的做法，如史书记载的"金鼻银牙"等，也不排除有火葬的可能；二是可能是患传染病后需要用火消毒，而后葬之。当然，也不排除其他我们现代人无法想象的原因。至于为什么是奇葬而不是偶葬，找不到原因，也许就是这种风俗吧！

为了弄得更清楚，我提议把保存下来的骨骼重新摆一下。正好有位僧人兼做藏医，懂一些人体解剖学。于是，以他为主，大家一起动手，把骨骼平放在地上，摆成了人的形状，这么一看，个子还真不矮，足在1.7米以上。

我们又重新认真地端详出土的物品，上次没好好看的，这次也重视起来。比如铁器，上次没有留意，但这次，我们把已经断成几截的一把矛拼了起来，虽然上了锈，但仍寒气逼人。它是这位英武壮士的随身武器，还仅仅是随葬品？有一片金叶，被存放在两片玻璃之间，有花纹，但因无法拼接而辨别不出是何种花纹。

天色已晚，因为还有事情，便又一次匆匆离开。不过，我心里已经想好，次日再来。

10月8日是一个大晴天，午后还有微风袭来。这一天，按照计划，我又一次去了札达曲龙穹窿银城。曲龙距古如加木寺只有十几公里，回程的路上，便顺道三访古如加木寺。

一到寺里，又把已经看过的东西再看一遍，把没弄清的问题再仔细问问，索朗和次成加措不厌其烦，就自己知道的、了解的，一一解答。也许是诚心感动了他们，索朗说包裹骨骼的麻布上也有图案。于是，他从仓库里抱出来了两个大麻袋放到台阶上，其中一袋是包裹尸骨的丝绸碎片、麻布碎片等，另一个是各种木板、木头，有长有短，长的有四五尺，短的也有巴掌大的。索朗说长的是棺木。其中有两片小木片上面果真有鱼形花纹，用途弄不清楚。

看着一地的丝织物，我一时间竟有些眩晕了，仿佛被带回了时空隧道，带回了那愚昧与灿烂并存的年代，回到了古人们的生活中！

一片织锦，如同神秘的符号，把中原大地与遥远的象雄联系在一起。此后，我翻阅了不少资料，对比了各地出土的铭文锦图片，总算大致弄清

古如加木寺出土的用来包裹尸骨的布帛及其他零碎东西。

楚了这片铭文锦的来历。当然，学识所限，如有谬误，还望方家指正。

在悠远的历史长河中，丝绸一直都是中华文明的象征。早在张骞通西域之前，中国的丝绸就已经通过种种途径向四方传播。有研究表明，早在西周时期，黄河流域的中华文明就已经与中亚地区有了联系。而在西汉建立后，大量的丝绸通过丝绸之路源源不断地输送到世界各地。而赠送丝绸，也是汉王朝常用的外交手段，《汉书·西域传》对此多有记载。为了维护与西域各国的友好关系，汉王朝往往将大批丝绸作为外交或赏赐的物品，数量动辄上万。张骞出使西域时，也将丝织品作为信物与外交礼品，起到了其他物品不能替代的作用。丝绸之路开通以及西域都护府建立后，通过民间商贸渠道，产自中原的丝绸更是大量输入西域。有学者认为，从某种意义上来说，中国早期的王朝外交是"丝绸外交"，在胡汉两方的长期对峙与抗争中，无论是和平贸易还是战后协议，总是少不了丝绸的参与。

这应该是象雄的土地上出土中原丝绸的大背景。

本来，要弄清楚古如加木寺这片织锦的来历是件困难的事情。不过，庆幸的是，汉代丝绸的考古发现非常丰富，尤其是在新疆丝绸之路沿线的楼兰、鄯善、尼雅等地出土了大量的汉代织锦，这为我们研究这片王侯铭文锦提供了最好的例证。

各地汉墓出土的丝织品种类颇多，主要有锦、绮、罗、纱、绢与刺绣等，其中最有代表性的无疑是织锦。西汉织锦主要出土于马王堆汉墓，结构比较简单。而于丝绸之路沿线出土的东汉织锦，其配色、工艺水平与图案表现形式都大大超越了马王堆出土的西汉织锦。东汉织锦常用红、蓝、黄、绿、白五种色彩，或以蓝色为底暖色显花，或以红色为底冷色成文，对比明快，图案色调鲜明，有"五色云锦"之称。汉代织锦最具代表的特征是钟爱云绕瑞兽的纹样，再加上汉隶铭文，以祈求祥瑞平安。

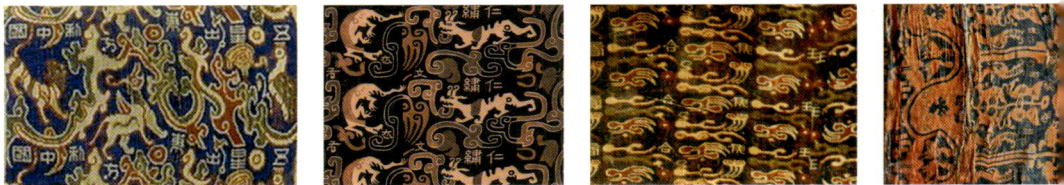

将这片王侯铭文锦与新疆尼雅和楼兰出土的汉代织锦纹样相比较，会发现其图案、配色极为类似，尤其"王""侯"二字与王侯合昏锦中的一模一样，大致可以判定为同一时期、同一产地的织锦。

在出土的东汉织锦中，较具代表性的是1995年在新疆尼雅发掘的一批五彩织锦，最著名的是五星出东方大利中国锦，还有延年益寿大宜子孙锦等等。通过大量图片细节的对比，我发现古如加木寺出土的这片王侯铭文锦的配色、工艺、图案形式、汉隶铭文都与尼雅这批五色织锦如出一辙。而通过与一幅王侯合昏锦里的文字进行对比，可以看出两片织锦上的"王""侯"二字一模一样，应该出自同一模板，可以判断为同一时期、同一产地的织锦。遗憾的是，由于这片王侯铭文锦残缺不全，我们无法知道除了"王""侯""宜"之外，还有什么汉字，又代表着怎样的含义。而且，由于是用来包裹尸体的头颅，导致织锦的颜色漫漶不清，也很难还原当时流丽的色彩。

但毋庸置疑的是，这片残缺的王侯铭文锦极其精美华丽，织造难度很高。它从何而来？又有什么样的美好寓意呢？

动物纹样是世界各地文明早期装饰纹样的共同主题。但汉锦中的动物纹样与其他民族有着很大不同，多半是祥云瑞兽相伴，纹样中的动物要么是现实中被赋予吉祥含义的瑞兽，要么就是人们想象中的神圣动物。在织锦的嘉气祥云中，我们经常看到的瑞兽是龙、虎、豹、鹿、麒麟、马、羊、鹤、鸿鹄等，还有很多长角或不长角的翼兽，其名称则很难一一稽考。除了动物纹样，汉锦中还有一些器物纹样、植物纹样等等，也都是彰显祥瑞与美德的。这片王侯铭文锦中除了云纹、花朵与器物纹，占主体的还是动物纹样，足有六七种之多，看形状大约为虎、龙、凤、羊、鸟，具体名称则很难查证了。可以肯定的是，全都是充满吉祥含义的瑞兽。

　　铭文纳入纹样是两汉时期极为流行的做法。这些铭文与云气动物结合在一起，其祈福求祥瑞的含义就十分明显了。从现在发掘出的汉代铭文锦可以看出，铭文大致可分为三类：第一类主要是祈祷延寿、子孙蕃昌的吉祥语，有的还在吉祥语前指出制作者的名字，如延年益寿大宜子孙、安乐如意长寿无极、延年益寿常保子孙、世毋极锦宜二亲传子孙、续世锦宜子孙、韩仁绣文广右子孙无极、安乐绣文大宜子孙、得意绣文子孙昌乐未央等；第二类铭文文字简短，较为含蓄，如长乐明光、长乐大明光、大明光受右承福等；第三类铭文较长，有些可能表达了特殊的含义，如五星出东方利中国、讨南羌、王侯合昏千秋万岁宜子孙、登高明望四海富贵寿为国庆等。五星出东方利中国锦表达的是人们借天象祈祝讨羌成功，王侯合昏锦则可能是王侯联姻这一重大事件的历史纪念，登高锦则与泰山封禅活动有关。总之，汉锦上那些流光溢彩的图案和寓意深远的文字，都透露出那个特定年代人们的思想观念与精神信仰。

　　这片王侯铭文锦由于残缺看不到全部的文字，很难判断属于哪一类。但仅从"王侯"二字来看，应该不是一般的吉祥话，而是具有一定的政治意义。据俞伟超先生研究，将具有政治含义的吉祥铭文作为纹样，应该是中原皇家作坊的产品，而非贸易品。如尼雅古墓出土的王侯合昏锦便是中原王朝特制给精绝国王的赐赠品。但也有不同的说法，新疆博物馆的武敏认为，尼雅出土的王侯合昏锦等大都产自蜀郡(今四川成都地区)，织锦上的文字明显与某一时期的特定历史事实有关，其历史背景应与这一时期蜀地历史相契合。王侯合昏锦代表的应该是刘备（汉中王）与张飞（新亭侯，卒谥"桓侯"）子女之间的婚姻关系。而这些织锦与其他同出织锦一样，没有什么政治含义，都是作为商品沿丝路销至新疆。还有学者认为，王侯泛指封建社会中位尊、禄厚、权重、势大的贵族，王侯合昏代表着封侯的贵族与皇室家族之间联姻。

这片锦上的"王侯"为何意不得而知，但无论从哪个角度讲，都能印证出墓主人的身份特殊，非富即贵。我也期待着今后能在阿里有更多出土的铭文锦来相互印证释疑。

在查找资料考证的同时，我受托把古如加木寺出土的王侯铭文锦残片和木头、茶叶样品送专业部门做了碳十四测定。就在我的研究告一段落的时候，测定结果也恰好出来了：铭文锦距今1747±23年，木头距今1653±22年，茶叶（木炭）距今2186±26年。取1747年之说，应为公元264年，即三国时期魏国亡国之年。我觉得出土的东西大致应为同一年代，而碳十四测定的结果最早在汉初，最晚则在魏晋时期。我基本判定为汉末，也许不专业，但感觉不会有太多误差。

对丝绸和茶叶的鉴定，特别要感谢西藏自治区科技厅的领导以及中科院青藏所的徐柏青老师和中科院地质与地球物理研究所的吕厚远老师！当时，通过科技厅的领导和徐柏青老师，把疑是茶叶的样本送给吕厚远老师进行了测定。这是在青藏高原出土的第一份茶叶实物，没有先例，检测必须慎之又慎。因此，吕厚远老师在国内作了检测之后，又亲自到国外顶级实验室进行检测，其中付出多少艰辛我不知道，但这种精益求精的精神，始终感染着我。最终国外检测与国内检测结果基本一致。该成果2016年被发表在英国权威期刊《科学报告》上。成果发布后，新华社、光明日报等主要媒体纷纷以"青藏高原出土1880年前茶叶实物"为题发布消息，一时成为社会关注的热点。虽然年代比陕西汉阳陵出土的茶叶实物晚了300年，但这是第一份在西藏发现的茶叶实物，意义非同小可。

虽然我知道碳十四的测定并不一定完全准确无误，但结合以上研究，应该可以认定这片王侯铭文锦来自汉魏，而且很有可能是三国时蜀国国都成都出产的蜀锦。现在，成都依然是众多西藏人热衷的地方，有些街道的藏文化味道甚至让人觉得身在拉萨。我不知道当西藏人在成都欣赏美丽的蜀锦时，会不会想到，早在遥远的汉末甚至更早，就有一幅幅鲜艳华贵的蜀锦通过丝绸之路进入遥远的象雄。这种遥想让人沉醉，金戈铁马的烽烟散去，而今我们还能看到这片依然动人的王侯铭文锦，它经历了怎样漫长的旅途来到象雄？它目睹过怎样的繁华如梦？它怎样被主人珍视而包裹高贵的头颅随葬？王侯铭文锦不说话，只是静静地躺在古如加木寺，无声地诉说着文明交流融合的历史。

古如加木寺出土的文物，都被寺庙妥善保存着。每一件物品都足以让现在的人们惊叹。

当然，阿里的丝织物也远不止这片王侯铭文锦。在扎西岗寺，我看到寺里珍藏的刺绣，图案栩栩如生，精美如斯。从寺里珍藏的其他文物看来，这幅刺绣可能来自明朝。同样，在扎西岗寺，我看到了来自中原地区的不少东西。

据说，札达一带的金银业自古就比较发达，现在还保留着当年的冶炼遗址。在札达的走访中，也的确见到了不少精美的金银制品，有佛像，有用具。曲松据说是产金子的地方，在一户当年的贵族家中，我看到了一杆刻有"吴"字的戥子，十分精美，这无疑也来自中原地区，肯定是用来称金量银的。

就在我为古如加木寺墓葬的出土发现惊叹不已的时候，又一个墓葬的出土让我震惊。2009年春夏之交，在距札达县城约3公里通往古格遗址的公路建设工地上，发现了一男一女两个墓葬，并出土了一批文物。这些文物包括陶器、草编、箭镞、小酥油桶、木几等，数量比古如加木寺出土的略多，有的大同小异，与古如加木寺出土的物品应属同一时期。而其中特别引人注目的，是一个刻有花纹带孔的金面具。

阿里扎西岗寺珍藏的精美丝织物。它告诉我们：其实，祖国内地与西藏各地的交往交流不仅比我们想象的时间更早，而且也未曾中断。

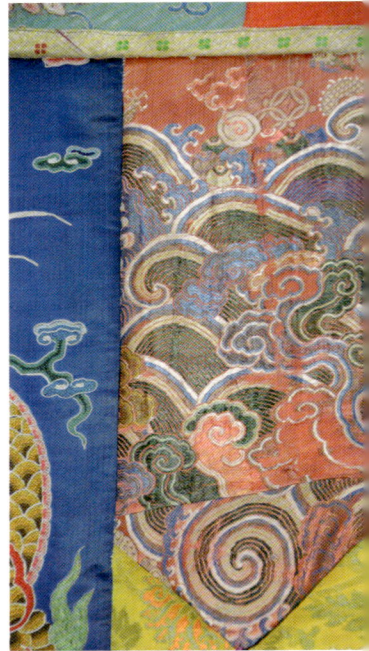

144

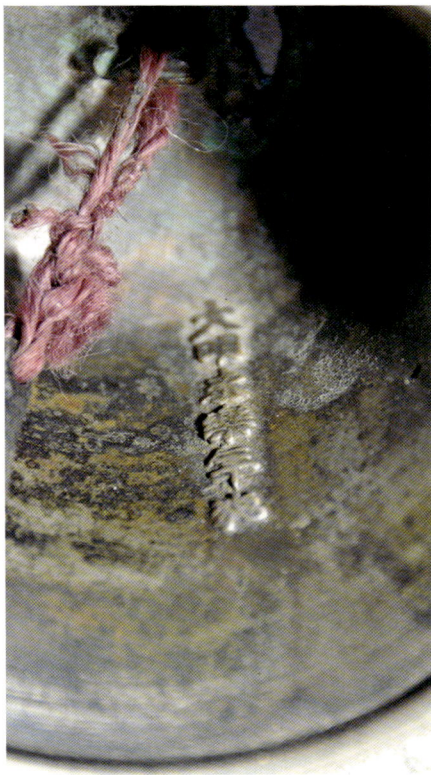

阿里扎西岗寺珍藏的铜钹、金刚铃、瓷器等。铜钹上清楚地刻着「大明宣德年内造」，并有「寿」字图、龙纹等，显得异常精美。金刚铃内侧铸有「大明永乐年施」字样。瓷器应与铜钹、金刚铃为同一时期所有。

145

得知这个情况后，我托朋友找来了出土物品的照片，仔细查看，几乎惊呆了。金灿灿的面具历经千年仍散发着光芒，据说是覆盖在男尸头上的。我寻找机会要亲眼见一见这件宝物。是无缘还是羞涩，2011年3月，我去札达县，但因管理人员不在而未能如愿，只在实地查看了一番。2011年11月下旬，我有幸再次来到札达。这一次，功夫不负有心人，在县文管会，我终于见到了这副金面具。经过清理，原貌展现了出来。实际上是两块金箔，从眉间分为上下两部分。整个面具长宽均为14.2厘米，其中眼部宽8厘米，下颚部宽6厘米，厚度只有零点几毫米，非常薄。上部为圆角长方形，刻有三座三层塔，塔的底层各有一只羊。中间塔的左右上方各有两只仙鹤，相对而立，其中右侧的两鹤之间还有一支麦穗。在左上角和右上角还各有两只仙鹤，头都向左方。脸的部分没有什么特别，只是鼻子部分较长且下部向左倾斜。这个面具至少分四层，金箔下面边沿部位有两个一组共约二十几组小孔，用来穿缀而用。下面有丝织物、薄木片和毡片，用牛毛绳将四层物品穿在一起。这个金面具是覆盖在头骨上的，可见其主人不一般的地位，这与埃及法老的木乃伊有异曲同工之处。面具的形象不像本地人，也不像是南亚人，倒像是欧洲人，这需要人类学者来判定。

　　面具的额头上刻有一只线条十分流畅的羊的图案，与整个稍显粗糙的面具形成了鲜明对比。为什么刻上一只羊？是不是吉祥的意思？还是和"羊同"有什么关系也未可知，不过起码可以说明羊在人们生活中的重要地位。文管会的同志介绍说这本是犀牛的形状，因为西藏没见过犀牛，所以刻成了羊的形状，也算是一种说法吧。作为随葬品的精美陶器、石器，原来是做什么用的？有的可以猜测，有的也许就是永久的谜。精美的酥油桶模型，是供品？是玩物？起码我们可以知道那时喝酥油茶已经是居住在这里的人们的习惯了。这或许是现存最早的酥油桶实物了。草编的小筐，放供物的木几，与古如加木寺出土的几乎一样。三个墓葬

阿里扎达出土的精美金面具及出土墓葬，墓葬从外形看如同一个竖立的木棺。

147

与金面具一同出土的各种精美器物，简直就是个袖珍博物馆。

出土的物品加起来，构成了一个袖珍博物馆。

这个墓地，据县里文物部门的同志讲，民间传说就是个古墓群，并且有盗过的痕迹，但谁也没见过出土的物品，此次出土实属偶然。这次发现进一步证明了传说是有依据的，在墓群中游走，不时能见到塌陷的洞穴，也有被盗掘的痕迹。这里就是一个巨大的古墓群，毫无疑问，里边肯定有无数的宝藏，也许会有更震惊的发现等待着我们。

这两个墓葬有一个共同的特点，就是棺木基本完好，都是正方体的木棺，棺木只有三四厘米厚，卯榫结构，不是很精致但反映了当时木工的水平。两个墓葬均为单体葬，一男一女，骨骼基本完好，也是用织物包裹着的。其棺木形制比古如加木寺墓葬更规范。

由于篇幅所限，还有很多出土的实物照片未曾选取。面对这些不会说话的器皿，我常常满怀震惊而说不出话。如果这些物件会说话该有多好，它们如何从遥远的地方来到这里？如何被主人所珍爱使用？如何目睹了这里的繁华又最终在黄沙中掩埋千年？

这些故事我们无从知晓，只能期待专业考古历史学者的解读以及更多出土文物的印证。不过，已出土的文物至少在告诉世人：其实，青藏高原何曾荒凉？何曾封闭？那是没来过的人臆想出来的。几千年来，这里的文化传播与交流从未间断，这里的文化繁荣与辉煌早已经被证明。

这部分到此告一段落，不过关于象雄的追寻应该才是刚开始。由于干燥的气候和相对荒凉的环境，阿里各种墓葬保存得应该是相对完好的。随着考古工作的不断深入，对这些出土文物的研究成果也会越来越多，相信会有更多的发现令我们震惊，让我们一起期待吧！

象雄王因为冷落了吐蕃来的王后而招致战争并亡国。

一千年后，古格王又不知什么原因拒娶拉达克王的妹妹而招致战争，并最终导致亡国。

历史并未重复，但却惊人的相似。

对于研究者而言，留存较多的古格王朝遗址正是我们接近象雄的道路之一。

想不到的是，宏大的象雄文明、古格文明居然是构建并隐藏于千千万万洞穴之中的！

唯一庆幸的是，古格王朝给我们留下了一个个充满宗教气息的残破洞窟，

还有古老寺庙里一处处艺术天堂。

说不尽的古格

雪后的土林, 散发出难以言喻的神秘气息, 仿佛要把人们带到远古, 带到古格与象雄时代。

说起来，古格或许还是比象雄知名度更高的词语。当我谈起象雄时，经常有人会问我，象雄，是古格吗？不是！那象雄和古格又有什么关系？

　　是啊，这真是一个不太好回答的问题。简单地说，强大的象雄王国被吐蕃吞灭后，断断续续几乎是四分五裂、战火纷飞的日子。后来，吐蕃王朝最后一位赞普朗达玛的子孙们被迫来到了象雄这片古老的土地上，开始了一个新的王朝，这就是在象雄土地上曾经存续700年并盛极一时的古格王朝。简单看，古格和象雄便如同汉朝和唐朝一样没有很必然的联系。但是，由于象雄研究资料的严重匮乏，古格的疆域又正好位于象雄的腹地，古格的王城札不让和象雄的都城穹窿银城距离很近，我们有理由相信，王国的兴替不能代替文化的相承，人们的生活习俗已然融入民族的血液，亦不会有太大变化。因此，对于研究者而言，或许留存较多的古格王朝遗址正是我们接近象雄的道路之一。

　　尽管如此，很多年来，古格也都像一个传说般存在于人们的想象之中。如同金色夕阳中那座残破而绚丽的王城，落魄中有高贵，荒芜中见繁华，真实而又虚幻，谜一般伫立于日月同辉的山崖之上。

　　不知道有多少人痴迷于古格的历史，醉心于古格的艺术。但是，要从厚重烦琐的典籍中剥茧抽丝，还原古格的真实面貌，却并非易事。

　　因为，对古格来说，历史或许比传说更像个传说。

　　没有人能说他完全准确地了解古格，我更是一知半解。在此，我试图把自己了解到的点点滴滴串成一个完整的故事，呈现在大家面前。虽然是东拼西凑而成，也只能班门弄斧了。

传奇的王朝兴衰

古格之建立，还要从一位落魄的吐蕃王孙说起。

在本书中，曾提到一位在西藏历史上无人不知却又声名不佳的末代赞普朗达玛。是的，就是这位执拗如牛而又简单粗暴的朗达玛一意灭佛，引发天怒人怨，不仅自己被刺杀，也使强大的吐蕃王朝呼啦啦如大厦之倾，顿时四分五裂。朗达玛死后，他的两个妃子借助吐蕃贵族的支持，在王位继承权上发生了激烈的争斗，混乱持续了30多年。而其他贵族也趁乱拥兵自立，真可以用"天下大乱"来形容当时的吐蕃。

花开两朵、各表一枝。我们表的就是跟古格有关的那一枝。朗达玛死后，次妃生下遗腹子名维松，与大妃的儿子云丹争斗不休（不少史书称大妃其实无子，这个云丹是个伪王子，为大妃哥哥之子）。后来，维松又生子贝科赞，却在朗达玛死后53年被暴动的乱民杀死。而贝科赞的儿子，就是我们的主人公吉德尼玛滚，从此便成了一位悲情的落魄王孙，父亲被害，领地被云丹一派夺去，流离失所，彷徨无依。

据《布敦宗教源流》等书的记载，吉德尼玛滚这位部族斗争的牺牲品，是被驱逐到阿里的。但是，吉人自有天相，在史书中品行高尚、智慧过人的吉德尼玛滚来到当时处于分裂状态的阿里三围，首先便遇到了普兰土王扎西赞。这个温厚的长者没有落井下石，也没有将吉德尼玛滚视为一般的逃亡之人，而是仍以王孙贵族礼待之，将自己的女儿嫁给了他，并推举他为王。

而此后的事实也证明了扎西赞确是大有远见。吉德尼玛滚既没有飞扬跋扈的贵族气，也没有从此心灰意懒地聊度残生。成为普兰王之后，他发展商业、尊崇佛教、制定法规，文治辅以武力，先后征服了古格、芒域、拉达克等地，建立了统治整个阿里三围的君主政权。

据说，当举行吉德尼玛滚尼松寝宫的竣工庆典时，天上飘下了如下预言：

如同灿烂的太阳，

照耀着众生一样，

吐蕃王国出现在布让，

才使得佛法兴隆昌盛。

这个预言，在不久后便即成真，此是后话。

后来，年迈的吉德尼玛滚把阿里三围分给了三个儿子白吉日巴滚、扎西德滚、德祖滚，即所谓"三滚占三围"，大概是希望三兄弟互为臂膀、相互依恃之意。果然，虎父无犬子，长子白吉日巴滚占据的芒域位于今天的克什米尔，后来发展成拉达克王国；次子扎西德滚占据的布让统治了今天阿里普兰和尼泊尔王国西北部；而最小的儿子德祖滚占据的象雄腹地后来发展成强大的古格王国。不过，正如历史故事开始时说的那句老话，天下大势，分久必合，合久必分。后来，布让并入了古格，而古格最终又被拉达克所灭，兄弟相争、手足相残的悲剧无可避免地上演，虽然这绝非吉德尼玛滚分封三子的初衷。

开国之初，古格便上演了一出慷慨激昂、既悲且壮的历史剧。

吉德尼玛滚最年幼的王子德祖滚，对佛法有着极为虔诚的信仰。大约受父亲影响，他的两个儿子松埃和柯日对弘扬佛教也具有巨大的热情，而且亲身实践，至死不悔。

大王子松埃似乎注定是为了弘扬佛法而生。继承王位后的第一件大事，便是在30岁时兴建了阿里古格托林寺。50岁时，在经历了世俗纷扰与修习佛法的重重矛盾挣扎后，松埃终于选择放弃王位，出家为僧，法名益西沃。

知道松埃国王的人不多，而益西沃的大名却无人不晓。古格王国自吉德尼玛滚在阿里建国到最后一代古格王总共持续了28代。这28位古格王大都没有多少作为，大约有三分之一的国王做了一些事情，但也就是修寺拜佛迎请异国法师之类。不过，具有传奇色彩的益西沃还是值得好好说一说的。

益西沃皈依佛门之时，藏地佛教正处于复苏但却群龙无首的混乱状态，阿里一带的情况则更为混乱，几近走火入魔的状况：行为不端的僧人酗酒吃肉，纵欲猎色，杀人越货，无法无天。阿里人民深受其害却又碍于佛祖之光而不敢反抗。在这种情况下，先是仁钦桑布受命赴克什米尔，学习显密教法。回国之后，在益西沃的支持下，修建托林寺，翻译佛教经文，教化教徒，清洁佛门。

　　然而效果并不明显，佛门叛逆们仍然为所欲为。益西沃听说孟加拉高僧阿底峡道行高深，意欲迎请。但是，迎请高僧历来需要大量黄金，寺庙乃清净之地，黄金何来？于是，年迈的益西沃决定亲率古格之兵攻打西北方的一个穆斯林国家噶洛，以索黄金。说实在，我对这个说法心存疑虑，古格一直以盛产黄金而著称，怎么会攻打一个小小的穆斯林国家索取黄金呢？但我没有找到更确切的说法，权且跟别人一样这么写吧！

显然，这并不是一个明智的决定。尽管目的高尚，是为了迎请圣僧，但使用战争的手段，实在为人所不齿，就算胜了我觉得也没有什么光彩。更令人沮丧的是，这个皈依佛门的国王显然不是个会打仗的料，这场近乎天真的战争一开始就出师不利，古格败阵而益西沃被俘。

有趣的是，噶洛国王也是个虔诚的教徒，不过不是佛教徒，而是一位穆斯林。而且，那个年代还没有可贵的宗教信仰自由政策。所以，噶洛国王知道益西沃"王"的身份后，第一反应便是好言相劝，希望益西沃放弃佛教皈依伊斯兰教。如果答应，不仅可以免于一死，还可以释放被俘的古格官兵。

在这种大是大非的问题面前，益西沃意志十分坚定：不！

噶洛国王也生气了，你不是为夺取黄金而来吗，好吧，那就用等身重量的黄金来换你的命吧！

面对生命威胁，益西沃还是回答：不！

耐心的噶洛国王继续引导说：美丽的古格你不想再看到啦？还有那举世无双的托林寺，你也不想主持其内，教化百姓了？

益西沃虽没有高智商，但却是个很有人格魅力的人，他的回答仍是：不！

没办法，像电影镜头一样，噶洛国王遗憾地摊开了双手：那您就只有去死啦！

消息传回古格，举国上下发起了一场拯救益西沃的筹措黄金行动。

与益西沃等身的黄金终于凑到就差脑袋部分时，怕出意外，古格王派益西沃的侄孙前往噶洛国探狱以告国内筹集黄金之情况，让老人勿急勿伤，一旦黄金集足马上就来赎身。

狱中的益西沃对这个侄孙说，我已年迈，不能为佛法的发扬光大做什么事了，噶洛之征，也是为了索取黄金用以迎请高僧的，就请用赎身的黄金迎请高僧弘扬佛法吧！

这位侄孙再三地哭泣恳请，把脑门都撞出血来，但益西沃意志坚定。他说，我去意已决，弘扬佛法，我将含笑于地下。如果将此黄金白白送于噶洛，我将死不瞑目！

侄孙挥泪而去。益西沃则坦然受戮。据说，他视死如归的态度，让噶洛的国王和臣民都感到震惊与敬仰。

虽然死因并不光彩，但却充满了信仰的光辉。为此，人们记住了这个热爱佛法的益西沃。

益西沃的死，也震惊了千里之外的阿底峡。已经担任过印度18座寺庙住持、年近60岁的尊者阿底峡当即决定前往古格。他说，古格王之诚意，益西沃之献身，佛教受伊斯兰教之排挤，都容不得我有半点的犹豫，任凭山高路远，古格非去不可！

行前，空行母提醒他：若去古格，减寿二十。

但已经称得上老人的阿底峡毫无惧意，他坦然回答：佛法弘扬，减寿何妨！

有阿底峡这么一句话，视死如归的益西沃此刻应该含笑九泉了。

于是，公元1042年，60岁高龄的阿底峡到达了西藏阿里高原，在古格一住就是三年。现在古格都城遗址札不让的壁画里，就有古格王国迎请阿底峡的画面。

三年后，阿底峡结束了在古格的传教活动回返印度，行至中、印、尼三国交界处时，因前方战事激烈，无法回国，只好转道拉萨、日喀则等地，一住就是九年。公元1054年，阿底峡在拉萨地区逝世，享年73岁。一个印度高僧，为弘扬佛法，以60之高龄，只身进藏，客死他乡，其精神令人感动。公元1076年，为纪念阿底峡，全西藏高僧云集古格，举行了著名的火龙年大法会，追缅高僧，激扬献身佛门之斗志。

　　而此后的古格，让我借用童话故事里的通用说法，自阿底峡传法之

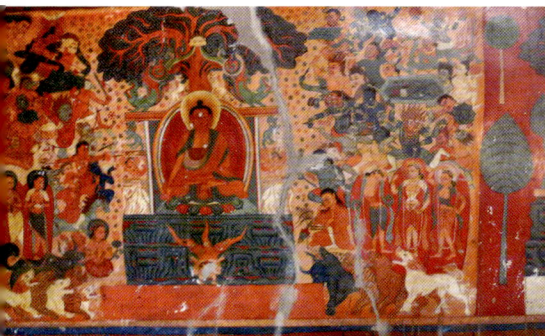

札不让遗址中的壁画

札不让遗址中的壁画。古格的历史让人心里有种说不出的辛酸，就在差不多一千年前，象雄王因为冷落了吐蕃赞普松赞干布的妹妹而招致战争并因此亡国。历史并未重复，但却惊人的相似，用女人哀怨的目光，为这片土地带来一片凄艳的血红。

一千年后，古格王又不知什么原因拒娶拉达克王的妹妹而招致战争，并最终导致亡国。

后，古格就成为当时西藏的宗教文化中心之一。在佛法的光辉下，人民过上了王子与公主般幸福的生活。

当然，这只是理想而已，聪明的读者不会相信童话。真实的生活永远有悲有喜，有起有落。据记载，中世纪的古格王国也时而分裂时而统一，与邻国拉达克时战时和。不过，由于没什么有意思的事情，更重要的是史书中也没有详细而确切的记载，所以让我们跳过这段相比之下较为平静无为的鼎盛时期，来到古格王国即将灭亡之时。

有趣的是，古格的兴盛是因为吉德尼玛滚这个"外来户"，而古格的灭亡却是因为一群金发碧眼的外国人。古格之兴，是因为佛教的弘扬，古格之亡，却是因为十字架的东侵。

到了16世纪后半叶至17世纪初，古格王国日渐衰落。首先的表现是外部矛盾开始激化。曾为兄弟之邦的拉达克常常侵扰和掠夺古格的边境，甚至深入到腹心地区。据《拉达克王统记》记载，17世纪初，年轻的拉达克王森格朗杰曾经发兵攻打古格，掠夺了大批的马匹、牦牛和绵羊等，以至于使"整个拉达克的土地上都布满了牦牛和绵羊"。

1615年，又一件突发事件引发了古格与拉达克之间的长期战争。这个故事是西方传教士记载下来的："18年前，古格王生了一个王子，刚刚生育后的王后却精神失常并因此死去。于是国王决定再婚，新娘就是拉达克王的妹妹。但是，就在这位新王后差两天的路程到达札不让时，古格国王却突然不许她前进，命令她返回拉达克。"（注意，我们从现在开始的叙述主要是根据西方传教士的记载和书信串起来的，因此真实度和准确性一直备受争议。）古格王的背信弃义惹恼了本就不安分的拉达克，从此两国开始了一场长达18年的战争。这场消耗战让当时的古格"不能农耕和采矿，国家贫困不堪。"

正所谓外忧内患，外部战争无休无止，而古格王室与僧侣集团的矛盾更加如火如荼。其实矛盾也很简单，因为战争的伤亡，古格王赤扎西扎巴德为首的王室需要百姓补充兵力；而僧侣集团罔顾其他，只想要广收僧侣、扩建寺院。可人民的数量是有限的，两个集团的矛盾激烈又无法解决。僵持不下的时候，不论正方反方，大家都想到了借外力支持以达到打压对方的目的。僧侣集团的行动是于1618年邀请第一世班禅到古格视察工作。果然，盛大的欢迎仪式和浩荡的视察之后，作为回报，一世班禅封僧侣集团的领袖——古格王的叔父为"法王驾尊"，即古格地区的精神领袖。可以想象，这一行动当年在古格还是引起了很大轰动，极大增强了僧侣集团与古格王室对抗的宗教实力。

正是在这样强大的精神压力下，古格王也迫不及待地寻求"外援"。所以，1624年8月，当葡萄牙籍神父安东里奥·德·安德拉德和修士玛奎斯经历艰苦跋涉，从印度抵达古格都城札不让时，古格王对他们表现出了浓厚的兴趣。以至于到后来，古格国王颁布命令，允许西方传教士可以随时进出王宫而不受限制。安德拉德在写给印度果阿主教的信中说："我长时间地讲解我们的教义，国王和王后怀着极大的喜悦听取我们的讲述，对有关天堂的事情百听不厌，尽管我们的对话要经过三道翻译……我们几乎每天都收到他们馈赠的礼物：羊肉、大米、糌粑、奶油、葡萄干……由于送得太多，我们常常又将这些东西施舍给别人……"

由于要在大雪封山之前离开，安德拉德和玛奎斯很快便结束了这次古格之行。临别之际将十字架送给国王和王后等王室贵族。

但其实这并不是结束，而是开始。

回到印度的安德拉德心中充满了传播福音、开创事业的激情，他说："上帝的力量为我们打开了进入该地的大门，来年我将善于利用这个机会。"果然，1625年8月，安德拉德和一位名叫苏扎的神父再次来到了札不让。这次，他想在这里建个天主教堂。

毫无意外的是，古格国王再一次热情接待了他们，并大力支持他们建教堂的举措。据安德拉德的报告描述，为了建教堂，古格国王亲自选址，甚至不惜拆掉自己的住房，施工过程中更是不惜重金、亲自督阵。对此，安德拉德十分得意地写信给印度果阿的教会，夸耀他在古格建立教堂不花教会一分钱，因为钱全是古格国王出的。

在古格国王的努力下，教堂在四个月后落成，顶上立有一个很大的十字架，老远都能看见。这，也是西藏有史以来第一座天主教堂。不过，从安德拉德的信件中可以看出，虽然古格王室很支持，他们也很努力，甚至努力学习藏语来传播福音，但发展新教徒的工作却收效甚微。直到1630年，时间过去五年多，古格受洗礼的人数还没有超过一百人，其中大多数还都是王室成员。原因无需赘述，藏传佛教在古格，在整个藏族聚居区实在有着压倒一切宗教信仰的优势，到今天还是这样。

安德拉德用天主教在古格燃起的这点星星之火，注定将引发一场可怕的火灾。

写了这么多安德拉德的自信满满，那僧侣集团干什么去了，他们不会愤怒吗？当然，这是不需要回答的问题。僧侣集团对此十分愤怒，朗达玛灭佛时的惨烈状况仍历历在目，他们决不允许历史重演。刚开始，他们对国王进行规劝和警告，晓之以理，动之以情，毕竟说到底都是骨肉至亲。无奈国王毫不领情，反而对这个来自遥远之地的十字架更加狂热。至此，僧侣们彻底放弃了对国王的争取，开始大规模地扩充队伍，招收大量平民为僧。

对此，国王毫不示弱，派出军队到古格各地的寺院，施行了长达三年之久的无情的灭佛运动，强制僧人还俗，实在不愿还俗的则必须迁到遥远的山洞中，靠乞讨为生。短短的时间内，古格的僧人流离失所，看起来似乎气数将尽。这种表象让国王相信，严厉的措施将很快摧毁僧侣集团的势力和他们的信念，迫使他们举手投降。

毋庸置疑，国王错了，有时一个侥幸的成功，恰恰就是失败之母。以

航拍的古格王城遺址

航拍的古格王城遗址

佛教立国的古格在精神信仰出现危机的时刻，人民集体愤怒了。打击越大，人们压抑的愤怒情绪就越强。一时间，举国上下都弥漫着一股反对国王、密谋暴动的气氛。而极不凑巧的是，国王恰好在此时病倒了，而他的精神支柱安德拉德却远在印度的果阿。留守在古格的五名传教士感觉到这种紧张气氛，焦急地等待着安德拉德的回来。而安德拉德，正志得意满地当选为果阿耶稣会的会长，并希望借助这一身份扩大在西藏的传教范围。

梦还未醒，暴动已经开始了。僧人和由僧人所控制影响的军队发起了暴动，并顺利地围困了札不让。王室当然不会束手待毙，双方的力量对比处于胶着状态。这样看来，一场内战不可避免。

关键时刻，不知是暴动者惧怕王室而求援，还是拉达克早有侵吞古格之意，反正结果是，拉达克掺和进来了。而且是拉达克国王亲率军队，星夜兼程赶赴古格，与暴动者一起围困札不让王城。

这里要说一说札不让了。就算今天我们站在札不让遗址之上，也能感觉到这里"一夫当关、万夫莫开"的气势。当年，在修建这座王城的时候，统治者们充分考虑了战争的需要，"易守难攻"当为建城的第一要求。据考古学家探明，札不让遗址现存的洞窟遗迹相当一部分都是专门存放兵器和食品、盐、肉干的仓库。据说，王宫内所有的用水，可以不出宫殿，通过山体内部开凿的专用暗道下山汲取。不仅如此，王城还有特殊的"秘密武器"：考古学家在札不让遗址半山腰的几个洞窟中发现堆满了大大小小的鹅卵石。原来，当蜂拥而上的敌军进攻时，这些飞石便可成阵，如雨点般从天而下、击退敌人。

正是凭借札不让城堡有利的地形与坚固的城防，再加上国王亲自督战，还有一批誓死效忠王室的勇士，围在山下的暴动者和拉达克人束手无策。喜爱写信的西方传教士们又一次告诉我们，由于古格卫队的拼死抵抗，拉达克人在长达一个月的时间内都无法攻破他们的防线。

从今天残存的遗址，依然能看到这是一座易守难攻的城堡。而且，在后勤供应与物资装备方面，王城也有充分准备，足以应对长期战争。

　　毋庸置疑，现在说起来轻松，但当时的战争场面是极其惨烈的。遗址中满山遗弃的铠甲片、铁箭簇告诉我们，这里的每一寸土地都曾染满鲜血，殊死的搏斗和厮杀声曾经让漫天黄沙也为之震颤……双方的伤亡都很大，严寒的冬季又即将来临，拉达克王很焦躁，古格王也很无助，这样耗下去不是办法。

不急，不急，大家都想想办法吧！

办法是有的，这次出场的是古格王的弟弟，一个并不光彩的阴谋家形象。他以手足之情向哥哥保证，只要国王向拉达克投降，保证每年向拉达克进贡，那么拉达克人将撤军并保留国王的地位。条件是，国王必须率领自己的卫队，到山下拉达克人指定的地点呈交贡品。

这无疑是个拙劣的骗局。但阴谋从来就是阴谋者的通行证，可怜的相信十字架的国王上当了。当他带领着王室成员走进埋伏圈，一场残忍的屠杀便拉开了序幕。当了俘虏的国王终于明白，他被自己的弟弟出卖了。

民间还有一种说法，说是拉达克人攻到城下，奴役古格人修建石砌的城墙，古格人民痛不堪言，城墙一步步紧逼古格王宫。居高临下的古格王不忍再看到臣民被奴役，毅然缴械，放弃城池，换得人民的正常生活。几百年的王朝灰飞烟灭，这段城墙仍然屹立在古格遗址半山腰，人们经常指着这段城墙说，那就是拉达克人攻城的罪证。

获胜的拉达克王欣喜若狂，像一切掠夺者一样疯狂掠夺了札不让王宫的珍宝，连那座教堂也未能幸免。传教士们在信中回忆，拉达克人"抢走了教堂所有珍贵物品，如圣爵、烛台、披带……还将神父们的东西随意送人"。滞留在古格的传教士一并被拘押到拉达克的首都列城，后来才从列城辗转逃回印度。

但这些传教士毕竟是幸运的，正因他们的幸运，才留下了大批的信件，成为我们了解历史真相的重要途径。

亡国的古格国王赤扎西扎巴德是不幸的，不仅称号被废黜，人也被终身监禁在列城。拉达克王不仅相继占领了古格的属地托林、日土、达巴、噶尔等地，还任命了他的儿子恩扎普提朗杰为古格新的统治者。

至此，有着700年历史的古格王国宣告覆灭，似乎在一夜之间如流星般陨落在碧血黄沙的夕阳之中。

从古格王城的最高处往下看，看到这样的一处无名景观，也宛如一座破败的城堡。

　　其实，这之后，拉达克对古格的统治也仅仅持续了半个世纪。

　　17世纪末，拉达克军队被五世达赖派遣的蒙藏军队驱逐出境。之后，阿里三围纳入噶厦政府的统辖，被划分为"四宗六本"。当时的首府设在噶尔雅沙（冬城）和噶尔昆莎（夏城），噶厦政府每三年轮派一次噶尔本。由于地处边境，阿里的噶尔本较之卫藏地区的同级官员品级更高。这一行政体制一直延续到西藏和平解放以前。

　　太阳每天都照常升起，古老的象雄土地见证着沧桑变迁，一会儿血雨腥风，一会儿天高云淡，而美丽的红柳花年年都在怒放。后来，这片火热的土地上还留下了李狄三率领的英雄先遣连的足迹。再后来，鲜艳的五星红旗在古老的高原迎风招展，象雄、古格这些名字渐渐被人们遗忘，一个名叫阿里的地区在新时代焕发出新的活力，这片高原发生了翻天覆地的变化。

时代是美好的，但历史，无论如何都不该被忘记。因此，如果有机会，还是到古老的札不让王城遗址去看看吧！

众多的古格遗址

灰飞烟灭的古格已然消失在历史的长河中，留下了谜一般的故事。同时，也留下了诸多大规模的遗址群，静静地矗立在阿里高原，等待人们的探寻。

有学者把这些遗址群在地图上标出来，结果发现它们的布局组合呈网络状结构。大部分的洞穴遗址群落与曾是古格中心的札不让、托林寺的路程都在一两天左右，北边的是香孜、香巴、东嘎、皮央等，西边的多香，南边的达巴、玛那、曲龙，等等，都具有比较大的规模。且彼此之间既可以保持密切联系，又相对独立。

从建筑布局上看，大规模的洞窟遗址一般都建在高峻的山崖上，多有坚固高大的碉楼、城墙等，军事意义不言而明。同时，佛寺与佛塔往往在其中占有重要位置，成百上千的洞穴则有条不紊地分为各个群落，可先看出设计者当年的匠心独具。

坦白而言，我虽然费了很多的时间和精力去寻找这些散落的遗址群，但并没有作很深入的研究，大多都是查看一番、询问一番，然后匆匆离开，所以也只能就我所见所闻略加描述。

札不让遗址　札不让曾是古格的中心，其重要程度不言自明，也是很多游客纷至沓来之地。不过，可惜的是，札不让遗址在废弃后的300多年间，大多受到很大程度的人为破坏和自然破坏，只有5座佛殿保存至今，墙壁、梁柱、屋顶以及壁画都还基本完好。从山脚向上依次分布着白殿、红殿、大威德殿、度母殿4座佛殿，山顶部则建有坛城殿。这些殿堂的四面墙壁上绘满了精美的壁画，屋顶的天花板上绘有五彩缤纷的图案,门楣、门框以及殿内的木柱、梁架上都经过精心的雕凿装饰,殿内还保存了一些塑像,比较具有历史考证意义的壁画是红殿的《礼佛图》。1985年对札不让遗址的考古调查曾作过比较精确的统计:总计残存有各类殿堂房屋445座,各类洞窟879孔,碉楼58座,各类佛塔28座,另有塔墙一道,防卫墙10道,隧道或暗道4条,遗址的总面积达72万平方米。从建筑功能上来划分,大体可分为宫殿与民居、佛殿、城堡与防卫墙三类,彼此交错混杂在一起,同时具有统治与聚居中心、宗教中心以及军事据点三重功能。我曾经很幸运地乘坐直升机飞越王城上空,那种震撼的感觉真是无法形容,拍下的照片也完全不能体现那种心情。很显然,如此庞大的建筑群不可能是同一时期形成的,可能属于不同的历史时期。现存的建筑遗迹年代都比较晚,里面的壁画精美绝伦,有着华美藻井的佛殿虽然残破不堪,但仍有着不可复制的高贵气质。有关这方面的资料较多,大家尽可以详细了解,我就不在这里冒充专家一一列举了,仅附上部分图片共赏。

东嘎皮央遗址　　无疑,东嘎皮央的洞窟群在阿里洞穴中是最有名气也最有艺术气息的一处。因为,东嘎皮央洞窟群是学者们目前发现的海拔最高、壁画面积最大的高原洞窟群。

现实中的东嘎和皮央是两个村庄,人们常说的东嘎皮央遗址位于两个村庄之间的一座山的半山腰上,两处遗址相距大约1公里。

我是2009年春天去的东嘎皮央遗址,除了看遗址外也在村里转了转。先到达的是东嘎村,这个村现在只有20户人家、83口人。据时任村党支部书记扎西多吉讲,20世纪50年代末,东嘎村闹过一场天花,全村死了40多人,只剩下9个人。奇怪的是,东嘎村的村民们的服饰与阿里不同,反而与山南雅砻一带类似,村民们也说原籍可能是雅砻。除了考古学家们发现的洞窟,东嘎村背后的山上还有不少过去人居住的洞穴,有的现在还在使用,只是不再住人,而作为存储东西的仓库了。从东嘎往在古格遗址残破的佛殿中，依然精美动人的壁画，天才的构图，富丽的色彩，千年后依然灿然如新的金粉，都在向我们讲述这里曾经的繁盛与富庶。

176

前1公里左右，转过一个山嘴，前面豁然开朗，正面山上，无数的洞窟鳞次栉比、蔚为壮观，山下则是平整的农田，这里就是皮央村了。初春的皮央，还没有一点生机，但可以设想，从初春萌动到深秋斑斓，这里一定是一个如仙如幻如梦的美丽的地方。

东嘎遗址现存洞窟近200座，遗址南面的山麓坐落着一大片佛寺与塔林的废址，可见应该是一处石窟与寺院合为一体的庞大遗址群。皮央遗址同样也是如此，不过洞窟更多，当地传说这里的洞窟是"前山

一千、后山一千",考古学者们实际调查统计的数字是862座。不过这并不能说古人夸大其词,因为年代久远,许多洞窟早已塌毁不存,自然无法统计。

东嘎皮央的洞窟基本上都是石窟,这个地域的山岩与新疆、敦煌等地石窟凿建地质相同。一千多个洞窟中,绝大部分为僧人生活起居的僧房窟、修习用的禅窟以及用来储葬物品的仓库窟,还有少数洞窟为塑像绘画、供信徒礼拜的礼佛窟,甚至还有埋藏高僧佛骨的灵塔窟,种类十分丰富。测量与观察表明,这里的洞窟有单室、双室及多室联建等不同形制,窟顶也极富变化,套斗藻井的形制来自中原地区,可以用"美轮美奂"来形容。礼佛窟内多设坛置像,建塔供养和绘制壁画,其中壁画受自然侵蚀并不严重,基本能保持完整。尤为可贵处在于,遗存壁画年代多集中在古格早期的11至12世纪前后,画风自由浪漫,达到了古格及西藏佛教文化历史中艺术成就的巅峰。这些壁画多是用当地所产的矿物质颜料绘制而成,当中还含有大量动物骨骼胶质,虽历经高原常年的风沙侵袭,仍不失其艳丽的色泽。和新疆、敦煌一带的佛教石窟一样,多是在洞窟内的壁面上抹一层草泥,再涂上一层白灰,然后在上面绘制壁画。壁画的内容有佛、菩萨、比丘、飞天、供养人、曼荼罗、佛教传说、礼佛图等等,华丽典雅中又有着浓郁的异域风情,一望而知是多元文化重叠交融的产物。

所以,对于东嘎皮央遗址,只能用四个字来形容,那就是:艺术圣殿。

香孜 2009年金秋的一天,我们从札达县曲松乡出发前往县城,途中经过该乡斯地村并在这里吃午餐。从斯地村沿着一条小河谷前行几十公里后,我们来到香孜乡香巴村(藏语为东方之意)。错落有致的村庄一下子把我吸引住了。村口有一户人家,寒暄中得知女主人叫索朗,今年49岁,说自己在20世纪60年代末还住过山洞,说着指了指身后。我们

很疑惑，因为眼前是依山而建的崭新房屋，门前不远还有一条小河，实在看不出一点儿旧日的遗迹。但是，当她带着我们绕到房后，一排三个山洞忽然展现在眼前。靠右边的一个里边存放着杂物。中间的一个已经被破坏，只剩下残墙。靠里边的一个则完好无损。索朗把门打开让我们进去，只见室内堆满粮食、杂物，几乎无处立足。

在索朗家门前小河的对岸，是经过岁月冲刷形成的峭壁，峭壁上布满了大小不一的洞穴，据说这里曾是古格的夏宫。其实，这些洞穴原本都在半山腰上，由于雨水的冲刷，峭壁下面堆积起了很多流沙，有的已经接近洞口，说不定还有不少已被流沙吞没。

我顺土坡而上，走过一个个洞窟，好像串门一样，只是再没有人居住，显得冷冷清清。倘若时间能够倒流，此时这里说不定正在举行什么盛会呢！这里的洞穴，大都是一组一组的，规模大得惊人，少的三四个、多的五六个甚至七八个为一组，一般的有两层，多的也有三层的。经过认真查看，原来这每一组都是一个独立的单元，如果是家居，那肯定是一个个大家庭或大家族。每一组洞中，都有一个较大的主洞，应是客厅

村庄后面便是被称为古格夏宫的香孜城堡遗址，主要组成部分仍是无数的洞窟。

加卧室。左右侧稍小的，有的是储藏室，有的可能也是卧室，各有各的功能。两层以上的，洞内都有暗道相通。村里人说，之所以隐蔽，主要是应付战争，便于防御。现在，这些洞窟有的成了村民们存放牲畜饲草的地方，也有的成了村民外出劳动遮风避雨的地方。

达巴与曲龙　达巴在藏语中的含义是"箭头落地之处"，传说系达巴王所建。在选择城堡位置时，他引弓搭箭，一箭飞出，落地之处生出莲花。达巴王大喜过望，建城于此。的确，站在达巴寺遗址最高处往下看，红柳成行，麦田成方，新建的民居格外耀眼，入眼尽是一派动人的田园景象。而放眼北望，则有一片巨大的城堡群映入眼帘，那便是传说中涌莲之地上的达巴宗城堡。虽然目前只剩残垣断壁，但山间的那些洞窟还是保存比较完好，密密麻麻，鳞次栉比，蔚为壮观，不仅使人联想起当时的繁荣景象，实不愧为历史上古格时期四大城堡之一。

据考古发现，达巴遗址的面积达1.5万平方米，由数个群落组成，包括佛殿、民居、碉堡、防卫墙，可以说集军事、宗教、聚居区为一体。有不少洞窟都在5层以上，也分为单室、双室及三室以上的不同式样。遗址中有一处位置最高、保存最好的碉楼，残高也达到了10米左右，碉楼有5层，墙体上有射孔，每一层都不设楼梯，只在石墙上留出几个坑以供攀爬上下。而一旦敌人来袭，则每层都有盖板石，可以逐层退守，真是天才的设计。

和我们一起上山的有时任札达县文物局局长达珍，是达巴本地人，1962年出生。据她讲，父亲是普兰一带人，和平解放时，被组织调到达巴乡当乡长，就此在达巴安了家。当时组织上在宗山脚下给她家分了一座贵族的房子，房子后边是山洞，作为她家的仓库，存放物品。她从小住在房子里，并未在山洞里住过，但经常到洞里玩耍、取东西。下山后，我们来到达珍家的遗址前，仔细察看。房子只剩下了残墙，大约只有四五十平米，后边的山洞还基本完好，只是隔着一条水沟，无法近前。

　　曲龙村位于穹窿银城的脚下象泉河对岸，现有83户，500多人，只有100多亩耕地。穹窿银城作为象雄的都城，气势恢宏，规模庞大，洞穴无以计数，有的在山跟前，有的悬在半山腰，也有的在山的顶部，鳞次栉

比，层次分明，说是一座城池并不过分。曲龙村的居民原来都住在山间的洞穴中，解放以后陆续搬迁到了现在的地方，建起了新的村庄。这里的原住居民，无疑是象雄最早的居民。这里到底有多少洞穴，没能详细统计，但无疑是象雄洞穴群中最多的一个。并且不止穹窿银城本身，在河的对岸也有无数的洞穴，与穹窿银城相映成趣，不知是象雄时期还是古格时期的。站在穹窿银城脚下向上望去，整个城池像大鹏展翅一般展现在面前；从上面往下看，则是奔腾不息的象泉河水不停地流向远方。

多香遗址　多香遗址具有很明显的军事性质，遗址所在的台地高出河谷近30米，土山又高出台地约90米，在土山之上再建造城堡，居高临下，扼险而守。城中共建有碉堡16座，防卫墙2道，集中在山顶，山腰部则是大量的民居、僧舍和洞穴遗址。据当地人说，在拉达克人占领了古格都城札不让之后，下一步便准备攻打多香。多香的野鸽子为保护寺庙，密密麻麻地把寺庙全都遮盖起来，而多香的百姓们则聪明地穿上特

制的铁鞋前往札不让面见入侵者："去多香要翻山越岭，您看一趟下来铁鞋都会磨破，所以，请你们不要劳神费力地攻打多香了吧！"据说多香因此而免过了血光之灾。不过，传说虽美，历史却无情。考古学家在多香遗址中发现了大量的铁铠甲片、头盔片、铁镞、战刀等兵器遗物，以此推断，当年的那场血战应该是没有避免的。

　　我在以上几个洞窟遗址并没有作太多的停留与研究。而更多的洞窟对于我这个匆匆而过的探寻者而言，也只是一饱眼福而已。在章结村的山崖边，在雅孜卡尔城堡，在邦杂遗址等太多的地方，我都由于地势险峻、时间紧张而不能细细探访，留下许多遗憾、许多猜测与悬念。在此只能提供一些图片以飨读者，希望有志者继续寻访下去，相信必有所获。

三面环水的札达曲松的一处要塞遗址

邦杂洞窟遗址

嘎地洞窟遗址

玛那洞窟遗址

一组并不知名或者叫不上名字的遗址，它们散落在札达各处，无遮无挡，在风雨侵袭中默默伫立，期待人们的关注与保护。

嘎垃洞窟中的壁画，图文并茂，但不知讲述的是什么故事。

土林深处、洞窟今昔，隐藏了多少故事？

本书写到这里，"洞窟"这个词的出现频率很高。其实，这也是我始料未及的：宏大的象雄文明、古格文明居然是构建并隐藏于千千万万洞窟之中的。

在壮美奇丽的土林深处，在我寻找的道路上，不经意中居然发现了大片大片数以万计的洞窟遗址。这些洞窟开挖在半山坚硬的沙砾之中，虽历经风雨侵蚀、岁月沧桑，但历经千年而不朽，大部分至今仍巍然屹立，甚至在前些年还有人居住。我想，这些洞窟会成为我们在主要靠口口相传而缺少文字记载的条件下，了解、研究象雄和古格历史不可多得的宝贵资料。

这些洞窟形成于象雄时代还是古格时代？

这似乎是个重要的问题，但我觉得也并不重要。居住方式是由自然条件、经济因素和生产力发展等多种因素决定的。现在的遗址群，除了穹窿银城外，多数被认为是古格时期的。但这是同一片土地，古格既有大规模遗址群，象雄岂会没有？洞窟在阿里的历史，应该是超越各个朝代的，那是象雄人久远的家。

易经中说，"上古穴居而野处"。在生产力水平低下的状况下，洞穴显然会成为人们居住的首选，不过那时居住的多半还是天然洞穴，只求遮蔽风雨、躲避野兽，满足简单的生存需要，要说住得舒服恐怕不太可能。后来，文明程度越来越高，人们不需要躲藏山林，便筑屋而居，上栋下宇，有院有墙，住着自然既安全又舒服，"穴居"这一名词也渐渐淡出了人们的视线。

不过，什么事都不是绝对的。在条件适宜的地区，人们发现，居住洞窟比建筑房屋更经济、更实惠、更方便，甚至住着也更舒服。比如，在中国北方某些地域比较多见的窑洞，便是人们勤劳和智慧的结晶。深达

名不见经传的阿里达巴宗遗址，难以计数的洞窟不知隐藏了多少未知的秘密？不由让人想起"芝麻开门"的神话故事。只要一声芝麻开门，古老的洞窟便缓缓开启，里面是数不清的、令人炫目的宝贝……

一二百米、极难渗水、直立性很强的黄土，为开凿窑洞提供了很好的前提。同时，气候干燥少雨、冬季寒冷、木材较少等自然状况，也为冬暖夏凉、十分经济、不需木材的窑洞，创造了发展和延续的契机。由于自然环境、地貌特征和地方风土的影响，窑洞形成靠崖式、下沉式、独立式等各种形式，窑洞内部也并不亚于房屋的精美。关于这点，相信生活在窑洞区域的人们比我更有发言权。

遗憾的是，我踏访的洞窟大多都是残破而废弃的。不过，通过还原当时的居住情形，通过洞窟里精美的壁画以及其中夹杂的文字，我们还是可以去研究、推测古象雄人的生活习俗、宗教的演化发展等等，从而

去复制那曾经梦幻般的历史。而且，通过这些幽深而美丽的洞窟，我们
也可以看到洞窟在象雄的渐进发展轨迹：从最初的遮风避雨保暖挡寒、
防止野兽袭击、储藏生活物品乃至丧葬等满足人类最基本生存的需要，
到后来的满足精神上的文化、宗教等需要，以至于，连赫赫有名、盛极一
时的象雄故都穹窿银城和后来的古格王城札不让，也是数量庞大的洞
窟和建筑群依山结合而建。

　　阿里地区的穴居遗址，主要分布在札达县境内，普兰和噶尔两县局
部有一些。本文便以札达的穴居为例，所涉及到的噶尔县门士乡一带，过

去曾属札达宗管辖，所以，为了方便表述，本文采用札达这一地理概念。

札达县位于阿里地区西部，东临噶尔县，东南部与普兰县相交，西部、南部与印度接壤，面积为2.4万多平方公里。旧时，设有札不让和达巴两个宗（为县一级建制），札达是两个宗的合称。札达洞窟的中心区域，北起曲松、南到达巴，西至萨让、东到噶尔县门士乡的曲龙一带，大部分是土林地貌，历史上有被土林环绕的说法。因此，也可以说，洞窟遗址主要集中在面积大约8000平方公里的土林地区。

为什么大量的洞窟遗址出现在土林呢？这个问题并不难回答。其一，札达是西藏高原藏族先民们繁衍发展地之一。由于海拔相对较低、气候条件相对较好，这里有具备人类生存的自然条件。土林大多位于海拔4000米以下的象泉河谷，树木成林、水草丰美、气候宜人，具有很好的农耕条件。不要说过去这里曾是大象成群的富庶之地，就是现在的札达县全境乃至拉达克一带，春暖花开的时候，也是一个个绝美的"世外桃源"，不少宗教典籍都认为这里才是佛教的理想秘境香巴拉。而山崖上一个个被熏得黑黝黝的山洞，也都在证实这里曾经生长着葱茏的植被。

其二，还要从土林的地质构造说起。地质学家考证，在245—600万年前，喜马拉雅山和冈底斯山海拔还相对低矮，在这两大山系之间，是一个面积达70000平方公里的外流淡水湖盆，来自两大山区的河流，携带了大量砾卵石、细粉沙和黏土堆积于湖中。随着高原不断上升，湖盆便不断下陷，在数百万年间，湖盆中积累了厚达1900米的堆积物，主要是夹有砾卵石层的棕黄、褐色或灰黄色的半胶结细粉沙层，不仅外貌酷似黄土，而且由于有钙质胶结，具有类似黄土的直立不倒与大孔隙等性质，为以后风雨和流水雕琢成各种地貌造型提供了最基本的物质基础。这些比较专业的术语听起来或许枯燥，不过科学的结论有时候就像童话般奇幻：札达湖盆在数百万年间经历了沧桑巨变，早期是亚热带森林草原气候，在海拔大约2500米的海滨，驰骋着以大象、三趾马、长颈鹿为主的动物群，后期气候逐渐转凉，过渡到温带森林到草原气候。从200多万年前起，高原整体作大幅度隆升，在湖盆与其下游的印度河平原之间形成巨大落差，古札达湖盆的湖水经由古朗钦藏布急速外泄而最终被疏干，暴露出来的湖底在干旱、寒冷的气候环境中，地表植被稀疏，受到河流和季节性水流的冲蚀，形成纵横交错的千沟万壑，原本平坦的高原湖盆面被自然的手肆意雕琢。在沟谷之间的悬崖上，雨水和细流沿垂直的裂隙或软弱带向下冲刷，较为完整和坚硬的部分保留下来，形成板状或柱状土体，突出在崖头或崖壁上，犹如残墙断垣……这便是现在著名的土林。

在考察中，笔者不仅多次穿行在土林深处寻古探幽，还机缘巧合，几次搭乘直升飞机飞越土林。从空中俯瞰土林，别有一番豪情，不仅难以用语言形容，就是手中的相机也拍不出那种感觉。土林那层叠的褶

土林的美凝重苍凉，如诗如歌，相信每一个来过此地的人都会留下极其深刻的印象。这组土林的照片或在山上拍的，或在谷底拍的，也有坐在直升机上航拍的，但仍不足以表现身在土林的那种震撼。

皱，那恢宏的气势，仿佛让人置身于荒芜的王城，聆听岁月的琴弦拨动神秘符咒……高原炽烈的阳光与云朵，虹霓般的朝霞与落日又给土林披上绮丽的衣衫，奏响神妙的乐曲。行走在土林中，你可以把这里想象成任何地方，拟人拟物拟兽都可，只要你有足够的想象力。

人们熟知的是，土林是世界自然遗产，是科学家们研究高原隆起的大自然实验室，是国内外游客的圣地。但它还有一个我们不该忽略的更重要的身份——这里还是象雄王国的故地，是藏族先民曾经生活的地方，大量的洞窟遗址便出现在这里。这里有极为特殊的深厚黏土，即使没有其他建筑材料，聪明智慧的象雄先人们，为了生存发展，因地制宜，也能挖穴为居。而且，在我的寻访之中，还发现不少"三室一厅""四室一厅"结构的洞窟。复杂一点的，洞套洞、房套房，楼上楼下，既实用又美观。客厅、卧室、储藏室……几乎各个厅室都有定制。墙壁上通常还会挖出一些小洞，摆放常用的东西。而楼房式的洞窟，有的在外边用楼梯相接，有的则在里边用暗道相连，兼具实用和防卫功能，完全不亚于现代洋楼。我曾和当地的同志开玩笑说，如果在这里建一个洞窟宾馆，有单间有套间，有楼上有楼下，再来个"总统套"，说不定会宾客盈门呢！

古老的象雄大地上到底有多少这样的洞窟，没有谁能说得清楚。但考古工作者对比较典型的古格遗址和东嘎皮央遗址进行过统计，仅这两处遗址现存洞窟就达1940多个（其中古格879个，皮央862个，东嘎200多个）。古格、东嘎皮央虽然比较典型，但只是整个札达洞窟的一部分，且时间在后。札达更多的洞窟存在于穹窿银城区域、达巴区域、香孜区域、多香区域、曲松区域等多处。保守的估计，札达现存的洞窟绝对数以万计。无论如何，这都是一笔宝贵的财富，精绝的世界人类文化遗产！

这种就着山势凿就的洞窟，大小不一，千姿百态，历经千年而依然存在，成为阿里地区一道古老神奇的风景线。

当你走过这些洞窟，肯定会浮想联翩吧！古人们是如何在这样的洞窟内居住？他们怎样烧火做饭取暖，怎样繁儿育女传宗接代，怎样日出而作、日落而息，怎样耕种田地、放牧牛羊，怎样出征打仗、凯旋而归，又是怎样欢呼胜利？

当然，也很容易想到：这是哪个时代的事情，现在还有没有人住这样的洞窟？曾经的辉煌哪里去寻，他们的后代生活得怎样？

在皮央村村口，我们遇到年过七旬、精神矍铄的老大妈白玛次仁。她告诉我，旧社会她就曾经住过山洞，后来政府帮助建了新房，才从洞窟中走了出来，但原来的洞窟仍然保留了下来，现在当作仓库用，储存粮食等物品。怀着好奇心，我们随着老阿妈的女儿登上一个小坡，来到了她家的山洞。这个山洞很像陕北的窑洞，洞的正中有一扇门，四周用土坯垒砌。因为只做仓库，没有窗子，洞内黑暗，定睛仔细看，还是个"两室一厅"。进门是一个大厅，约七八平米，正面靠墙的位置有一个灶台，上边还摆放着锅碗瓢盆。四周墙上挖了几个小洞，整整齐齐，存放炊具和油灯等物品，各有各的用处。左边砌起了一个粮仓，装着政府发放的青稞种子，大约有几百斤。绕过灶台后边是一个房间，可以住人，也可以存放物品。右边是个储藏室，堆放着一些杂物。洞顶已经被烟熏得黝黑发亮，看起来非常结实，几乎可以和混凝土媲美。这类洞窟建造难度并不大，只要选择好位置，开凿并不需要太复杂的工具和太多的人力。冬暖夏凉是这类洞窟最大的优点，就是在现代化的今天，人们也舍不得遗弃。

在斯地村吃午餐时，好客的主人打了香喷喷的酥油茶。我们一边吃着就一边聊了起来。原来，这家的主人叫多吉，为阿里地区政协委员，平时在地区。多吉的爷爷丹增，旧社会就是本地的头人，多吉的父亲名叫旺堆。现在家里看家的是次仁平措，是村委会副主任。次仁平措说，他家有好几个洞窟，各有各的功能，最大的山洞约为20多平方米。过去，有

钱人才住山洞，平民只能住帐篷。家里有祖上传下来的石锅、火镰、火药袋等物，不知何时从内地辗转到此，追溯起来又是一段历史。

类似这样的寻访经历数不胜数。对于不少的阿里农牧民来说，洞窟并不是个遥远陌生的词语，而是有着亲切感情的地方。

寻访中还发现一个有趣的现象是，目前只有几十户人家的现代村庄，守护的却是一个个可供上千人居住的宏大洞窟遗址。古时的象雄、古格究竟有多少人口呢？这里该是多么的繁华呢？近年来陆续进行的一些考古挖掘发现，这些洞窟遗址的周围有不少小麦、青稞、油菜等农作物的残留，也有大量铁锄、铁犁、石臼等农业生产和粮食加工工具，以及大量耕地和水渠的遗迹。在札达县城附近不足三万平方公里以内，就发现耕地遗迹一万多亩，数量很是惊人。而札不让村附近至今还保留有一条长达20多公里的古代灌渠，可以从雪山引水灌溉农田。不过，村民们说，这条灌渠弃置不用也已上百年了。在香孜遗址附近，也分布着数千亩古代农田的遗迹，虽然现在开荒复耕，但人少田多，仍是无力全部耕种。而札不让、东嘎、皮央出土的农业生产工具也都反映出与定居生活相适应的农业经济形态。

即使农牧民现在住上了舒适的新房，依然不舍得毁弃过去的洞窟。

仔细想想，这也是理所当然的。象雄王国也好，古格王朝也罢，要定都于象泉河谷这样一个相对封闭的地理环境中，必须要建立一个基本上能够保证自给自足的粮食供给系统，否则便难以维持其统治。因此，它的经济形态与生存方式，必然离不开农业。此外，畜牧业显然也是古象雄重要的经济支柱。从各处的考古发掘来看，那些出土的牛、山羊、绵羊等骨骸，比如皮央的一座洞窟就出土有50多只山羊、绵羊的角，表明当时一户人家已经拥有成群的牛羊。这些牛羊除了为人们供给足够的肉类、乳类食品外，同时也要满足人们穿的需要，厚重暖和的毛料毡氆应该都是自给自足的。

想起这些，头脑中不由浮现出沃野千顷中男耕女织的美好场景，而回头再看土林的厚重沧桑、寂寞苍凉，一切恍如梦寐。

纵观这些洞窟遗址，主要有两个功能。其一是居住功能，满足人们最基本的物质需要；二是宗教功能，满足人们精神上的需要，即使现在阿里也有不少建在山崖上的洞窟寺庙。作为居住之用的洞窟，是古代人类因地制宜的选择，体现了人们的聪明与才智，无需多言。作为宗教的洞窟，里边塑有各类佛像，墙壁上绘有精美的壁画，也有的只有壁画。雕塑和壁画的精美程度完全可以和敦煌等地的石窟相媲美，甚至在形制上或许还有渊源关系。壁画的内容以宗教为主，兼杂有民间传说、民俗、歌舞，也绘有山水、动物、植物等。至于这些宗教洞窟怎样使用和管理？猜想都变得很困难了，学者们也没能得出有说服力的结论。

其实，除了以上提到的那些"有名有姓"的洞窟遗址外，古老象雄的土地上还有大量的无名遗迹散布在荒原之上。数以万计的洞窟，像是一部古老的书、一帧绚烂的画卷，构成了一道世所罕见的自然、历史、人文景观，留给人们无尽的宝藏。一处处残垣断壁，一个个坍塌毁弃的洞窟，一座座倾覆的佛塔，给人留下无数个问号，同时也让人遐想当时的金戈铁马、繁华往事。

绘有壁画的洞窟，有不少在悬崖峭壁之上，很难被人们发现。

一花一世界，一洞一乾坤。洞窟里精美绝伦的壁画，令人目瞪口呆的建筑样式，以及残存的物品器具等，给我们展现出一幅色彩斑斓的立体图画，还有一个个未解的谜团，等待人们去赏鉴，去破译。而历史，就像象泉河的河水一样，卷起一个个浪花，奏着淙淙的乐音，用我们听不懂的话语，诉说着这里曾经发生的故事。

还是那句话，如果有机会，还是亲自去看看吧，那里荒芜的洞窟、寂寞的殿堂，会为你讲述更多、更生动的历史故事。

拈花微笑——古格留下的艺术殿堂

象雄的繁盛是我们无法想象的，苯教曾经的强大也是我们无法估量的。现在，唯一庆幸的是，古格王朝给我们留下了一个个充满宗教气息的残破洞窟，还有古老寺庙里一幅幅精美绝伦的壁画。

仁者见仁，智者见智。对于虔诚的佛教徒，这些壁画塑像是庄严神圣的；对于研究者而言，它们又是具有历史价值的；对我们一般人而言，这里至少也是一个艺术的殿堂。

其实，对于宗教与壁画的专业知识，我知之寥寥。但我相信，真正的艺术和美是相通的，那便是对灵魂的冲撞与震颤。象雄大地深受苯教思想的影响和佛教艺术的浸润，所产生的岩画、壁画艺术因之也更加丰富多彩。各个教派有争夺、有排挤，但也有互相学习与融合。奇妙而庆幸的是，激烈的冲撞反而产生了神秘美妙的艺术，其内容、形式都独立于其他藏族聚居区，广纳周边中亚、南亚、西域等多种民族、多种地域文化的多元优势，但又特别重视发挥自己本土的文化特质而自成体系，鲜明地体现着象雄文化的内涵，继承着象雄文化特有的生动艺术活力和雄浑凝重的气势神韵。

公元333年，发祥于印度的佛教开始传入西藏，随着佛教的立足与发展，佛教艺术——建筑、雕塑、绘画等随之也传入西藏，作为寺庙组成部分的壁画艺术也逐渐发扬光大，并成为一门独特的艺术形式。

与藏地其他地方不同的是，象雄流域的佛教壁画更多地表现出苯教的影响和异域风情，从而呈现出更加神秘瑰丽的色彩。鸟首人身的大鹏、人首蛇身的龙女，无不曼妙难言，令人叹为观止。正如意大利学者图齐所说，阿里壁画代表的是西藏西部画派最杰出的作品，从中我们可以欣赏到一种完全成熟的艺术。公元1000年左右，益西沃、仁钦桑布及其王室施主们迎请至古格的艺术大师们引介入的不仅是盛行于他们本土

当我在札达县土林深处的一面残垣断壁上看到这幅壁画时，当即心醉不已。这是一处因坍塌而露天的遗址。虽然，历经岁月风霜的冲刷，又没有得到任何有

的艺术风格，还有佛教缓慢消亡过程中在苟延残喘的印度大寺的荫蔽下仍然繁荣的诸流派艺术（札不让遗址中的不少壁画据说都出自印度大师之手）。而阿里本土的藏族弟子们则怀着对上师的极大敬畏，忠诚地延续着此种艺术传承。与卫藏地区的壁画相比，阿里地区的壁画风格显得特立独行，有时曼妙难言，充满着灵动的美感，让人感到理想天国的召唤与吸引；有时候又如同惊梦或鬼神的狂欢，人体在其间肢解为怖畏的形象，多头多臂多足，身体扭曲，或者把动物的肢体嵌入其中，与人体古怪地结合在一起。说真的，我不大懂其中的寓意，甚至大多数佛像都不认识，但我知道，那是象雄人几千年来延续至今的精神世界的反映。正如见多识广的图齐所说，这些画作几乎如同从禅观中活生生地扑窜而出，其中洋溢着画师所体验到的怖畏和喜乐。

　　我理解图齐的意思是说，阿里地区的壁画更为生动灵活，表达的是想象，是对佛的理解力和想象力。与之相比，现在我们看到卫藏地区

的大部分壁画，量度程式成为规矩，变成画师唯一的尺度，并取代其观境，艺术随之衰落，变得呆板、一统、乏味，失去了一度是其首要特征的表现力，留下的唯有色彩的艳丽与协调，反而成为至今藏地画作最富价值的部分。

在此声明，一来本人是无神论者，对佛教仅限于兴趣，二来并非专家学者，所有观点只是一人之感受，如有不妥而触怒某些佛教徒或专家朋友，还请见谅包涵则个。其实，关于这一章，我几乎不想写什么文字，只想展示给大家一幅幅我在找寻象雄的过程中拍摄的照片。

在苯教神话中有这样的传说：女神玛色伽尔和男神旺尔沙斯乌格巴相交，其时男神以白的流出，女神以红的流出，乃生卵27枚，卵皆孵出鸟首人身、蛇首人身、龙首人身的男神和女神，这些神又衍化成亿千之神，以护人镇鬼。

根据这一传说，象雄壁画之中的鸟首人身、蛇首人身、龙首人身像当属神灵之列。最为摄人心魄的当属各种不同的龙女，她们面容娇美可爱，体态婀娜妖艳，下身呈龙蛇身，盘曲而坐，蛇尾上扬，姿态优美而诱惑，在眼光顺势流转的顾盼之中，仿佛迎请而至、翩然起舞，就艺术成就而言完全可以与敦煌壁画中的飞天媲美。

后来，我也在日喀则江孜的白居寺等一些寺院中见到过龙女的形象，但呆板生硬，完全无法与托林、古格的龙女形象相比。

在托林寺、玛那寺和古格幽深的殿堂中，凝视一幅幅堪称完美的壁画，那些色彩与线条在风中飘扬，那些传说中的神灵仿佛在放声歌唱。

只是，隔了千年万年的时空，我们已无法破译。

正是这神秘的意境、夸张的造型、浪漫主义的情调把我们带到了艺术的圣殿。让人不禁想问，究竟是如何辉煌的王国，才会创造出如此璀璨的文明？

或许，在这些绝美的壁画中，隐藏着象雄的魂魄。

以往我们在杂志或画册中比较常见的是古格壁画和托林寺壁画，色彩瑰丽明艳，场面宏大壮观，有许多学者已对此进行了深入研究，我就不再赘述，以免班门弄斧。而且，我个人更喜欢玛那寺的壁画，不妨多写几笔。

玛那寺壁画局部

古格壁画局部。历经千年，金粉绘就的壁画仍然鲜艳夺目。

214

玛那寺坐落于札达县达巴乡玛那村，为古格王国时期的高僧仁钦桑布修建。朴拙的古塔、参天古木和岩崖洞穴，是玛那遗址最具魅力的景致。奇怪的是，玛那寺与托林寺和古格神殿修建时间相近，但壁画风格却迥然不同。玛那寺的壁画线条极为简单，一派明净与流丽，颇有点儿童画的纯净。就连庄严的佛菩萨和度母造像也非常简洁，而没有藏传佛教壁画中常见的精致与烦琐装饰。

　　如果玛那古寺是寂寞的修行者，那么古格与托林寺则是仪态万方的贵族了。那些描绘风土人情的壁画，也把我们带回远古的土地之上。

　　同样，那也是一种很美的感受。

玛那寺壁画局部

玛那寺壁画局部，儿童画一般的质朴、简洁、明快，让我在寻觅与拍摄的过程中，一次次受到心灵的震撼与美的熏陶。我相信，这种视觉的冲击比任何的说教与解释都更给力。佛由心生，美亦由心生。

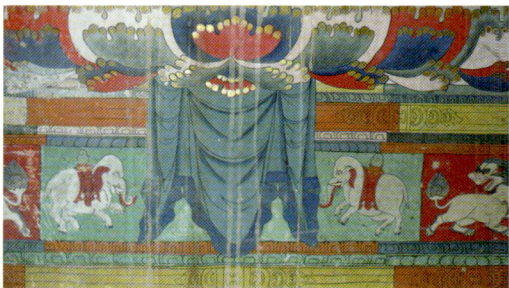

玛那寺壁画局部。喜欢极了这种安静的色彩，朴素中尽显安宁高贵。

古格壁画局部，既有极具地域特色的歌舞表演场面，也有很抽象感觉的壁画，貌似很前卫的现代画风。

217

石窟中令人心醉的天花藻井结构。

不过就震撼程度而言，我个人最喜爱的还是东嘎皮央洞窟遗址中的壁画。除了壁画，那些在中原地区寺庙和敦煌石窟中常见的藻井结构也让人倍觉亲切。层层叠叠的天花套斗藻井如同一级级延伸的曼陀罗一样，把我们带到深邃的宗教意境，自由与美的感觉也随之达到最深处的灵犀一点。流云中是一系列飞舞的天女小像，种种身色，站于莲花，或伸右腿，或舒左腿，翩翩起舞。

根据对石窟壁面的观察，在壁画绘制前壁面先被处理平整，再平抹一层带草质的拌泥，然后涂一层石灰。所用绘画原料为一种当地所产矿物颜料，中含大量动物骨胶，可经久而不褪色。窟顶有的被凿成四层相互交叉重叠的套斗形，所绘九重图案内容繁复，有伎乐人、承柱力士、化佛小像、双鹅、五鹿相环绕、各种塔式及吉祥饰纹等；还有的在窟顶绘以曼陀罗图案，周围又穿插以飞天、多臂观音、各类金刚、神灵及佛像、菩萨等造像；也有的直接在窟顶绘制尊像及各种卷草纹图案。从绘画风格看，这些壁画受邻近的克什米尔和印度同时期艺术的影响较重，同时吸收了一定的中亚艺术与本土文化相结合，用笔用色往往淡雅内敛，含蓄舒展，宛如水墨交融，显示出独特的美感。

转瞬之间，千年的时间已经如水流逝，可岁月的风尘却掩不住这些壁画的夺目光彩。真无法想象，在千年之前，是怎样的画师，怀着怎样的心情，用怎样的笔触，描摹出这样栩栩如生的场面。今天，当我们的目光再次触及东嘎皮央壁画，扑面而来的这股弥漫着自由浪漫的艺术情怀，虔心恣肆，舒意洒脱，我想其想象与创造的意义已不止于宗教功能本身了。

壁画里，是另一个世界。人间、天堂、地狱皆备，动植物、人类与神佛众生平等。

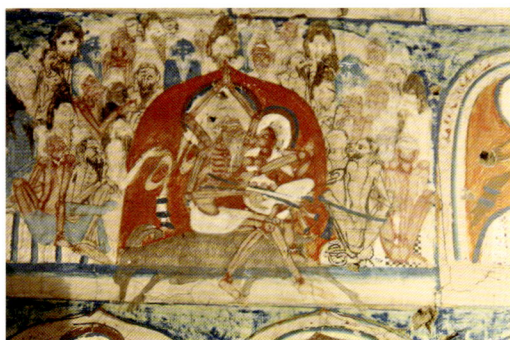

札达县托林镇苯东村洞窟壁画

　　除了壁画，阿里的佛像制作历来也享有盛名，最具传奇色彩的便是
扑朔迷离的"古格银眼"。虽然看了很多资料，但说真的，我到现在也没
弄清楚古格银眼是怎么回事，所以暂且搁下不提，只选取了一张扎西岗
寺珍藏的古格银眼佛像。在踏访过程中，我还看到了许多精美的小佛
像，也选取一些让大家饱饱眼福！

还有在寺庙中抬头可见的令人炫目的天花彩绘，虽是木质结构，但细腻的笔触让普通的木质平添了高贵与华美，可谓化腐朽为神奇的杰作。其花纹图样繁多，据专家初步统计就有一百多种，既有异域风情，也有充满汉地色彩的云龙图案。

散落各地的精美的擦擦，玛尼石等

好了，就看到这里吧。养养眼，继续我们的旅途！

一直以来，吉隆被认为是"小羊同"所在地，或者说是"大象雄"文化圈的重要一部分。

传奇人物王玄策在吉隆留下了《大唐天竺使之铭》，

成为我们为大唐 - 吐蕃 - 天竺古道命名的依据。

这条快被荒草湮没的沧桑古道，承载着从古代匆匆走来的人们，

承载着一千多年的历史，承载着一段段绘声绘色的故事与传说。

身在吉隆，我有种梦回唐朝的感觉，

而王玄策等传奇般的英雄们，仿佛正策马从古道飞驰而过……

古道话沧桑

雪山指路到吉隆

开始之前,首先要说明的是这部分内容与象雄的关系。这一部分涉及的主要地域是日喀则地区吉隆县,一直以来,吉隆被认为是"小羊同"所在地。或者说,可以算作"大象雄"文化圈的重要一部分。不过,在实际探访中,我并未有太多关于象雄的收获。但是,吉隆作为大唐-吐蕃-天竺古道的重要组成部分,却引起了我的注意,并就此作了一番探寻。至于吉隆与象雄的关系,文中也有涉及。

不该被遗忘的大唐-吐蕃-天竺古道

中国和印度之间的文化交流源远流长,其中交通起到了关键性作用。一般来讲,7世纪前,最主要的陆路交通路线有两条。一条是出敦煌,经楼兰、伊吾、车师、吐鲁番、龟兹、疏勒,越葱岭,从克什米尔进入印度,称"天山道"或"龟兹道",即北道;一条从楼兰经鄯善、于阗、莎车、过葱岭而达印度,被称为南道。在介于南北道之间,还有一条中道。另外,还有一条从四川、云南至缅甸达印度的道路,被称为"滇缅道"。至于海路,据说在公元前5世纪就已存在,经交州(今广州)、交趾(今越南河内)抵达印度,也被称为海上丝绸之路。

到7世纪初,中国与邻国交往日益扩大,交通逐渐发达,于是又多了一条以唐蕃古道为基础,由拉萨不断向西拓展,经江孜、日喀则、定日、吉隆,进入尼泊尔最终到达印度的"大唐-吐蕃-天竺古道"。这条古道鲜为人知,特别是从拉萨西行的路线如何,从何处进入印度,只在《释迦方志》中有较为详细的记载,其他史书却很少提及。为摸清这条道路从拉萨往西的走向,以及在这条道路上特别是吉隆段发生的一些故事,我研究了相关史料,也实地进行了探寻。

据一些史书记载，中国与古印度早在秦朝前后就有了来往，印度的方物不时传入中国，同时佛教也开始传入中国。当时对印度的称呼为旃涂国、浮提国等。到汉代，始有印度这个名称，不过被译成了"身毒"。《史记·大宛列传》就有记载。

中印何时有了陆路交通，没有一个准确的说法，但史书中还是留下了"蛛丝马迹"。在《史记》中就有了关于身毒国的记载。西汉张骞通使西域，在大夏（西域古国）见到了蜀布、邛竹杖等中国物品，并且得知这些物品是往身毒交易的。与此同时，沿着商路，印度的大量物品如玉石、玛瑙、琉璃和鹦鹉、熊罴等鸟兽等也来到中国，并成为当时人们追逐的时尚。当时对身毒的交通主要走北线，即今天的新疆一带。这一路不但山高路险，而且有羌和匈奴两个强大的民族隔挡，自然不是十分顺畅。所以张骞有感于北线的艰险，提出"从蜀宜径，又无寇"的观点，建议皇帝打通四川这条道路。于是，汉武帝令张骞在蜀地探路。通过探路，此路也不好走，因昆明"善寇盗，辄杀略汉使"，所以最终"终莫得通"，虽然以后做了多种努力，但因昆明所阻而未能通行。既然川滇道打不通，只有继续走北道。"因益发使，抵安息、奄蔡、黎轩、条枝、身毒国。"（《史记·大宛列传》）《汉书·西南夷传》也讲到此事。汉代与西域、印度的通商道路的形成的基础肯定是民间往来，可以说是民间往来促进了官方的往来，而官方的往来又从更高层次上繁荣了民间往来。张骞被授为中郎将后，"骞因分遣副使使大宛、康居、大月氏、大夏、身毒……及诸旁国。"（《史记·大宛列传·第六十三》）这是最早通印度的记载。汉以后，中国与西域、印度的交往日益频繁，虽偶有战事或其他间隙，但交往仍是不可阻挡的主流。

到唐代，西藏与内地交往日益频繁，进藏道路不断增多，特别是文成公主进藏的唐蕃古道，历经若干年的建设，已经成为主要交通要道。于是，在公元641年，文成公主经此道，历尽千辛万苦、千难万险，由长安来到了吐蕃。也是在这个时期，吐蕃不断扩张，东进、西出、北扩，版图不断扩大，通外道路越来越多。其中吐蕃通往尼泊尔的"蕃尼古道"不但已经形成，而且成为一条繁忙的通外道路。其实，在古时候，一条道路的形成，绝不是像现在一样，短时期就可建成，而是必须经过若干年的努力、千万人的跋涉，才能形成一条初具规模的大道，蕃尼古道便是如此。

唐蕃古道与蕃尼古道一经连接，就成为一条东起长安、西达印度的大唐-吐蕃-天竺古道。这条古道长达五六千公里，是当时世界上最长的古道之一。现在，让我们大概描述一下这条古道的走向：由大唐的首都长安出发，从甘肃河州北渡黄河经青海、那曲到达拉萨，西行经羊卓雍错、江孜到日喀则，再从日喀则往西经定日、佩枯湖南岸，翻越贡唐拉山到达吉隆，由吉隆的热索出境到尼泊尔，最终到达印度。现在拉萨经羊卓雍错、江孜、日喀则、定日到吉隆的公路，基本沿袭当年古道的路线。但从贡唐拉山以东则很少能见到当年的古道，倒是在吉隆境内还能断断续续看到古道的原貌。这条大道的形成，无疑要早于文成公主进藏，这从一些史书尤其是关于王玄策经这条道出使天竺的记载得到了印证，大名鼎鼎的《大唐天竺使之铭》石刻更是铁证。可以肯定的是，在当时这条大道不仅存在，而且车水马龙。

由此，我们也可以进一步推断，西藏与内地交往的历史，一定早于唐初，只是没能留下更多的记载而已。而且，当时的吐蕃不仅从吉隆可以通外，藏南的门隅地区也一直有通外的说法。远在西北部的象雄王国，应该也是把吉隆作为通外的重要孔径。

然而，一千多年的历史风尘早已湮灭了这条古道的痕迹，后世的人们已难以辨明其具体的走向与出山口究竟在何处。多年来，历史学家和考古学者们力图从不同角度，来探寻这条古道的遗迹。19世纪末，法国学者烈维·格里逊为了寻找唐使王玄策当年在印度耆崛山所建碑铭的遗迹，曾经亲临实地考察，但最后却不得不"顾此山草木蔓愆，攀登甚难，失望而返"。

这条古道一经形成，就成为大唐通往南亚的重要通道。沿着这条道路，发生了一系列重大事件，也包括一些传说。特别是尼泊尔尺尊公主进藏、赤松德赞迎请宁玛派大师莲花生，走的都是这条道路。藏传佛教噶举派大师米拉日巴的不少事迹也发生在这条古道沿线。到了清代，这里还发生了清朝军队驱逐廓尔喀入侵者的战事。

而最值得注意的是，唐朝在7世纪几次遣使前往印度，使团走的正是这条路，且留下了意义非同一般的《大唐天竺使之铭》石刻，弥补了史书记载过于简单的遗憾。王玄策的几次出使使这条大唐-吐蕃-天竺古道畅通无阻，立即成为佛教传播和中西文化交流的一条重要通道。高僧玄照、玄太、道方、道生、玄会等人，都是从这条新道西行印度求法的。21世纪初，由于开拓我国至南亚陆路大通道建设的需要，位于古道

贡唐拉山上的古驿站遗址

233

西端的吉隆，在沉睡了一千多年以后，又进入了人们的视线，引起了广泛的关注，一条现代的通外大道展现在世人面前。

到吉隆走一走，看一看，是许久就有的愿望。第一次去大约是2001年，当时只到了县城，因一名同行者严重不适应而于次日清晨匆匆返回。2009年12月，我第二次来到这条大唐-吐蕃-天竺古道的重要路段——吉隆，完成了一次难忘的古道之旅。

12月的一天，我们一行从日喀则出发，一路西行。过了定日后，几乎都是地势平坦但已经干枯了的草原，一座座碉楼诉说着当年西藏军民英勇抗击侵略者的事迹。路的左侧是海拔8027米的希夏邦玛峰，这是一座完全在我国境内的山峰，也是世界上14座8000米以上山峰的最后一座，还是最后一座被人类征服的山峰。路的右侧则是著名的佩枯湖。这个湖有300多平方公里，海拔4590米。从空中俯瞰，整个湖既像一个蝴蝶结，又像一位发髻高耸、低头含羞的半身侧面的少女，实在妙不可言。湖的中间有个断层，断层两侧一面是咸水，一面是淡水。据当地人讲，这个湖曾经是西藏地方政府祭祀天神、预测来年气候的神湖，整个程序复杂而严密，至今湖边还有当年祭湖的遗址。

从湖的南侧开始爬上一座5000米以上的高山，这就是著名的贡唐拉山。山上还有当年留下来的驿站遗迹，特别是歌唱贡唐拉的山歌至今仍在广泛流传。这座山，过去经常雪漫古道，半年不得通行。现在道路条件逐步改善，在本文写就时，柏油路已经通到了吉隆县城。下山后，就进入了美丽的吉隆河谷，首先映入眼帘的是在古老的贡唐王城遗址基础上建起的一座边境新城。

吉隆县，位于西藏的西南部，西与尼泊尔接壤。全县面积1.2万平方公里，边境线长162公里。辖3乡2镇41个行政村，总人口13175人。吉隆在史书中藏语叫芒域，汉语有小羊同之说。吉隆两字本身，有欢乐、舒适之意，可解释为快乐的地方。传说当年莲花生走到这里，只见山清水秀，风光绮丽，大为感慨，遂名之为"吉隆"。

吉隆可分为上吉隆和下吉隆两个部分。上吉隆指现在的县城所在地，即宗嘎镇，是一个具有悠久历史文化的小镇。下吉隆则是指现在的吉隆镇，是古老的吉隆所在。吉隆，曾经是象雄的一部分，后来又经历了历史很少记载的贡唐王朝。县城所在的宗嘎镇，是大唐-吐蕃-天竺古道的必经之地，《大唐天竺使之铭》的发现地，同时也是贡唐王朝的都城，至今还保留着贡唐王朝时期的古城堡遗址。

吉隆风景最美的地方当属吉隆镇。吉隆镇在县城正南方，距县城约70公里，海拔只有2800多米。位于中尼边境的热索，海拔则只有2000米左右。朝阳初升或薄暮时分，周围璀璨的雪山充满了神性的光辉，山间雾气与天上白云相接相连、交相辉映，呈现出无比瑰丽的色彩，让这个小镇也充满了诗情画意。说这里是仙境，那真是一点儿也不过分。这里有丰富的森林资源和难以数计的野生动物，在我们的旅途中，不时可以

风光绮丽的吉隆

雪山脚下植被葱茏的吉隆镇

吉隆镇美丽的小村庄

看到红豆杉等稀有树种和高贵美丽的长尾叶猴。

顺吉隆河谷而下20多公里，就是有名的热索桥，即史书上称之为"旦仓法关"的地方。吉隆河左岸一条不知名的小河把中尼之间断开。在河的对岸，还存有大量的工事和碉堡，据说是当年廓尔喀人为阻止清军西进而建造的军事设施。

吉隆集绚丽多彩的风景与众多的名胜古迹为一体，也有人称它为"珠穆朗玛峰的后花园"，是一个不可多得的旅游胜地和考察人文地理的好去处，也是一个充满神秘色彩、发生过无数美丽动听故事的地方。

吉隆还是国家一级口岸，在20世纪80年代以前，曾经是重要的通商口岸。以后，因为交通问题始终没有得到很好的解决，口岸也就名存实亡。世纪之初，西藏自治区提出并经国家批准建设通往南亚的陆路大通道，口岸就选择在了吉隆。2009年我到吉隆时，大规模建设已经开始：柏油路已经铺到吉隆县城，热索桥基本建成，中国援尼的公路建设也已接近尾声。2014年，吉隆双边性口岸开通，2017年升级为国际性口岸，2022年3月吉隆边境经济区设立，作为"一带一路"的重要节点，吉隆已成为新形势下中国面向南亚开放的"桥头堡"。

大唐刻石与王玄策

到吉隆最想看、最值得看的当然是那通《大唐天竺使之铭》。它名气可太大了，以致在20世纪90年代一经发现，就在国内外引起一阵不小的轰动。但说是轰动，也基本停留在学术界，实际上它的价值则远远未被发现，或者说没有引起世人足够的注意。眼下，它更不仅是大唐-吐蕃-天竺古道的历史见证，也是对这条古道命名的依据。

刻石在县城东北的一处悬崖下边，距县城只有二三公里，这里海拔4130米。这处石刻被当地群众称为"阿瓦甲语"，凿刻在一片悬崖的底部。"阿瓦甲语"即汉语"父亲汉字"的意思。很多年来,淳朴善良的当地藏族乡亲们把这块刻有汉字的石头视为"神石",虽然并不认识上面的文字,但他们认为上边有字即不同寻常,所以,经常有人把它当作神明去朝拜。20世纪90年代,县里修的水渠要经过这里,石崖险些被炸掉。在关键时候,负责的宗嘎乡乡长罗桑老人一边制止了继续爆炸的行为,一边向文物工作者反映了情况,于是这个石刻被保存了下来。经过文物工作者辨认,才知是唐代早期的遗迹。于是,这块涂满厚厚酥油的神奇刻石终于面世。在刻石的年代和内容被确认之后,2001年6月国务院将其公布为全国文物重点保护单位。我们真的要感谢当地政府和群众,不是他们的努力,也许这一历史文化瑰宝早已不复存在。而这个刻石,也是藏族人民保护历史文化众多实例的一个典范。

这块刻石崖壁面宽约1.5米,高约4米,距地表高约8米。刻字面长约1米,高90厘米。正文为阴文楷书,竖排,字间用阴线方框间隔,现存24列。按照刻石上的记载,这块刻石刻于唐显庆三年,即公元658年,距今已有1360多年,是迄今为止在西藏境内发现的最早的汉文石刻,比拉萨大昭寺前的唐蕃会盟碑还要早165年。为了避免风雨侵蚀,县里建造了一间不大的房屋将其保护了起来,并安装了护栏。

站在刻石面前,一行隶篆碑额映入眼帘:大唐天竺使之铭。之前看到的各种资料,都把这块刻石称为"大唐天竺使出铭",今日目睹,明明是大唐天竺使"之"铭。仔细一想,可能是由于释读错误,导致以讹传讹,闹出了笑话。初看这个"之"字,形状的确有点像个"出"字,加上"使出"与"出使"同义,一般也能说得通。可下边的一横两侧不出头,这分明是小篆的"之"字,同时,按照古人在碑刻上的用法,一般都是什么什么"之碑",没有"使出"之用法,可以说,的确是错认了。

我把自己的观点讲给县里的同志听,因为这个碑文当初是经过专家认定的,他们不敢附和我的观点,说再找人看看。几天后,我在网上

《大唐天竺使之铭》实拍。很想把铭题的「之」字从画面中剪出请大家辨别，但无奈石刻太过漫漶不清了。现场还看得清楚，拍的照片放大后就很难看清，真是遗憾。

看到已经有专家识出这就是个"之"字并撰文论述，真是不谋而合。但这个错误的纠正，仍然没有引起重视，不少纸媒仍沿用"大唐天竺使出铭"，希望以后能逐步纠正过来。

话题还回到这块刻石。刻石上的文字因多年风化，侵蚀严重，许多已模糊不清。对于字数、字意，专家们的观点不尽一致。根据郭声波教授的考证，这块刻石所含铭文共415字（不含铭题），可辨识出的只有243字。郭教授又据照片改正了25个原误识字，据上下文意及骈文四六规则补充了143个疑似字，形成了一篇共计386字的碑文（剩余29字仍未能读出）。现将郭声波教授对碑文标点断句后的文字转抄如下（□为缺字，疑识字入〔〕）：

大唐天竺使之铭

记录人刘嘉宾撰，记录人〔□□□□□，〕谦人〔乞〕扶〔定〕亨书，贺守一书篆。维显庆三年六月，大唐驭天下之〔四十载，尧神武圣，〕异轨累叶，重光玄化，法于无穷。〔今兹声教所暨，〕德同方裔，道格圆穹。皆三立以(服膺，并万里以驰羽。〕反踵、贯匈之国，觇风雨而来〔宾；离身、鬐首之君，〕逾山海而输赆。量〔彼〕身毒，近隔〔灵山，□□□，使〕臣恭序：

皇上纳隆轭念，濡足〔施仁，乃命臣朝散〕大夫、行左骁卫长史王玄策，宣〔德郎、□□□□□〕刘仁楷，选关内良家之子六人，〔□□□□，□□定〕乱之方，〔□□〕驭边之术，于是出〔使天竺之国。越层〕岩，超雪岭，指鹫山以道鸶，因〔蕃域而骋轩。显庆三〕年夏五月，届于小杨童之西〔南咺仓法关之东北。〕时水潦方壮，栈〔路〕斯绝，乃〔权□□□□□□□□□〕山隅。〔晴〕则雪献〔蓝天，仰〕白云〔而高卧；晦则幕遮碧〕迥，拥墨雾而〔独宿。〕西瞰连峰，〔揽百川之耸秀；南临〕箭水，总万壑之〔源〕流。实天〔竺之要隘，比碛北之天〕险也。但燕然既迹，犹刊石〔以为铭，亦惟效马援柱〕铜而已。勋况功百

〔王事，〕路土〔皆知。今臣等奉圣上〕之洪猷，默皇华之盛烈，人〔所同心，敢勒贞珉。呜呼！〕小人为其铭曰：鼓皇华兮奉天则，骋辎〔轩兮扬盛德。使身毒兮〕穷地域，勒贞石兮灵山侧。使人息王令敏、使佐士〔口同勒石。〕

经过郭声波教授填补上的铭文，虽然肯定与原文有些差异，但毕竟为我们提供了一个可以参考的东西。它告诉我们，大唐高宗显庆三年（公元658年），王玄策率使团出使天竺，行至此突遇洪水阻路，于荒山野岭之中，百无聊赖之际，看到风景秀美继而感慨万千，于是便在高岩坚石之上磨平一块刻字记事，以记述一路所见所闻，因主要内容是歌颂大唐君主声威远播的，所以也可以认为是一通"记功碑"。

这个碑刻，不但记录了王玄策一行出使天竺行经吉隆的情况，是最可信的历史史料，而且也是一篇绝妙的散文。这幅刻石肯定是当时的使团成员所作所刻，并不排除是王玄策本人所作。从书法角度讲，也是一幅精绝的书法作品，在书法史上应有一席之地。额篆阳文，铭刻阴文，刻工不俗，令人叹为观止。特别是碑额的字体为隶篆，极富变化，至为罕见。刻石的正文是标准的"馆阁体"楷书，笔到之处、刀到之处，笔笔精湛，字字绝伦，令人景仰、肃穆、震慑，乃至窒息，凝视它大气也不敢出。在西藏的边缘地区发现唐代早期汉字刻石，此石当属第一或绝无仅有。经专家鉴定，结论也是如此。这是中华民族的优秀文化遗产，是民族团结和对外交往的具体象征。

后来，经多方努力，我找到一幅刻石刚被发现时的珍贵拓片，特意请张鹰老师拍下来附在书中，希望能为有志研究者提供第一手资料。

现在得说说这个王玄策了。王玄策，河南洛阳人。由于地位甚低，正史无传，但却大名鼎鼎；虽未立传，但却为涉及大唐的对外交往，他的事迹梗概在一些史书和书籍中还是被时隐时现地记录了下来。

《旧唐书》卷一百九十八载："贞观十五年，尸罗逸多（又称戒日

王）自称摩伽陀王（即中天竺，又译摩揭陀），遣使朝贡。太宗降玺书慰问"。尸罗逸多"乃膜拜而受诏书，因遣使朝贡。太宗以其地远，礼之甚厚。复遣卫尉丞李义表报使"。又载："先是遣右率府长史王玄策使天竺。其四天竺国王咸遣使朝贡。会中天竺王尸罗逸多死，国中大乱，其臣那伏帝阿罗那顺篡立，乃尽发胡兵以拒玄策。玄策从骑三十人与胡御战，不敌，矢尽，悉被擒。胡并掠诸国贡献之物。玄策乃挺身宵遁，走至吐蕃，发精锐一千二百人，并泥婆罗（又译尼婆罗）国七千余骑，以从玄策。玄策与副使蒋师仁率二国兵，进至中天竺国城，连战三日，大破之，斩首三千余级，赴水溺死者且万人。阿罗那顺弃城而遁，师仁进擒获之，虏男女万二千人，牛马三万余头匹。于是天竺震惧，俘阿罗那顺以归。二十二年至京师。""拜玄策朝散大夫。""太宗之葬昭陵也，刻石像阿罗那顺之形，列于玄阙之下。"《佛祖统纪》卷三十九记载："（贞观）十七年……敕卫尉丞李义表、黄水令王玄策使西域，游历百余国"。《通典》载："（贞观）二十二年，右卫率府长史王玄策奉使天竺"。《新唐书》《册府元龟》亦有记载，或详或简。

以上《大唐天竺使之铭》和史书记载的内容，大概说明了王玄策三次出使印度的情况。第一次大约在贞观十七年（公元643年），李义表为正使、王玄策为副使出使天竺，大约两三年后回国。贞观二十一年（公元647年），王玄策为正使、蒋师仁为副使出使天竺。这次去不逢时，摩揭陀国国王去世，"其臣那伏帝阿罗那顺篡立"。本来是摩国内政，与大唐并无多大关系，但还是发生了王玄策一行人被拘、物被抢的惊险一幕。王玄策何等人也？哪能受这个气？于是，趁着夜深人静，不知采取了什么"法术"，反正是逃脱了。按一般人的思维，肯定"走为上"了。可王玄策哪能咽下这口气。此时唐蕃的舅甥关系正紧密，尼婆罗与吐蕃的关系也不错。靠着大唐的神威，王玄策向尼婆罗借兵7000余人，又给吐蕃赞普松赞干布发信，借得精兵1200人，很快杀回摩揭陀，大战三天，把个摩揭陀打得人仰马翻，生擒阿罗那顺。之后，又横扫东西南北四天竺，统统归顺。毕竟中华民族不是个扩张的民族。在胜利之后，王玄策没有心思留恋印度的美景，而是继续履行使命，带着俘获的阿罗那顺凯旋了。回到长安，王玄策将阿罗那顺献于大唐皇帝阶下。这是贞观二十二年（公元648年）的事。因为有功，"拜玄策朝散大夫。"太宗皇帝宽怀大度，很讲外交政策，不但没有深究，还让阿罗那顺娶妻生子。久而久之，阿罗那顺也就没了脾气，乐得在大唐的辉煌中度过一生，死后被刻成石雕为大唐皇帝守灵，至今我们还能在昭陵司马门看到这个石雕。显庆三年（公元658年），王玄策奉命送袈裟往天竺，也就是第三次出使天竺。

行至吉隆,有感而发,刻下了《大唐天竺使之铭》这通千古流芳的碑铭。后来,据说王玄策又第四次出使天竺,但再也找不到详细记载,留下了让人们无限遐想的空间。出使是大事,出使的过程被王玄策写在了《中天竺行记》一书中,可惜该书早已亡佚。不过还是有有心人,将其中的部分内容抄录在了《法苑珠林》一书中。更有有心人,在前几年,把《法苑珠林》单独刊行,使我们能够看到关于王玄策出使的精彩片段。

这场以少胜多的战争的主角王玄策,并不是一个声名显赫的将军,出使之前只是个六品官,职务是右率府长史,还朝后也仅被加封了个从五品下的朝散大夫而已。他靠什么得胜?难道仅是凭借类似《孙子兵法》这样的军事读物?他如何统帅那8200名陌生得连语言都不通的将士们?简直不可思议!正因为不可思议,所以不仅国内专家学者予以了极大关注,甚至引起国外学界的注意。日本科幻小说名家田中芳树就以此为背景写了一部小说,陆求实将其译成《天竺热风录》。田中芳树先生认为王玄策这个人"即使是把他当成如好莱坞电影般具华丽风格之冒险电影主角也是不过分的"。而我认为,田中芳树的评价其实并不算高。电影上的英雄多半是玄幻剧本加上影像技术拼接而成的,而这个王玄策,唐朝天空下的一个芝麻官,名字都不甚响亮的一介书生,居然多次沿这条高山缺氧、条件艰苦、并不好走的古道出使天竺,且智勇双全,创造了不可思议的"一人灭一国"的历史传奇,这真是一段神话般的历史!毫不夸张地说,无论是这段传奇的历史,还是王玄策这个人,在世界外交史或军事史上都是值得大书特书的。

对于王玄策的征战,《天竺热风录》虽然描述得淋漓尽致,但臆想猜测的成分居多,未能尽信。或许我们只能感叹,中华大地人杰地灵,随便一个不起眼的人,都能在异域翻江倒海,建不世之奇功。

一通碑铭,引来这样一段精彩的故事。其实,对于王玄策来讲,不知是皇家有交代,沿途要昭宣大唐王朝的威德,还是他本人知道自己就在创造历史，于是一路走、一路刻，成了习惯，以致不仅将其感受留给后人，更弥补了历史的空白。顺着王玄策的足迹，留下的还真的不止这一处碑文，不仅国内有，还刻到了异国他乡。如《佛祖统纪》卷三十九就记载，王玄策"复登耆阇崛山（灵鹫山），刻碑记唐威德"；《新唐书》卷二百二十一上记载，"高宗又遣王玄策至其国摩诃菩提祠立碑焉。后德宗自制钟铭，赐那烂陀祠"。另据《释迦方志》记载，在现尼泊尔有王玄策留下的一处刻石。在境内其他地方还有没有刻石，不得而知。不过到目前，除了《大唐天竺使之铭》，还真没有其他发现。我们期待着今后能陆续发现王玄策留下的刻石及其他文物，以给我们更多的启示和收获。

吉隆的历史与传说

贡唐王朝，是吐蕃灭亡之后，其后代建立起的一个小王朝。由于特殊的地理位置，这个王朝像世外桃源一般，很少受外界的干扰，所以存续了几百年的时间。现在，贡唐王朝残缺的城堡和一批有价值的古碉楼仍保留了下来，成为研究考证这段历史不可多得的物证。近年有不少学者研究这个王朝，已经有了一些进展。

在吉隆县宗嘎镇，与贡唐王朝同期甚至更早的建筑有两处。一是著名的卓玛拉康，一是名气也不小的宗嘎曲德寺。据史书记载，卓玛拉康始建于1274年，也就是宋末元初之交，西藏萨迦王朝刚刚建立不久，距今已有750年历史。2001年，卓玛拉康被国务院列为全国重点文物保护单位，现存建筑遗址仅200平方米，位于贡唐城的中心位置。虽然面积不大，但古色古香、优雅古朴，文物价值非同小可。建筑本身就很有特点，融合了多种风格。其壁画和木雕也很有特点，特别是梁柱间的狮子木雕更是别具一格。这座古老而独具风格的建筑已经引起国家文物部门的注意，拨出专款进行维护。

宗嘎曲德寺在卓玛拉康东北，简称曲德寺，也是全国重点文物保护单位。现存约1600多平方米建筑，不过大部分已经年久失修，其中最大的建筑主殿已经坍塌，只剩下四周墙壁上的一些精美壁画，虽然斑驳，但依然灿烂夺目。曲德寺的木雕很有特点，部分坍塌下来的梁檩和木雕被保存了下来，特别是那些木雕，仍栩栩如生。

从吉隆镇顺河而下，刚开始河谷还比较平缓，再往前走就进入了峡谷。在峡谷深处，一个千尺之高的绝壁映入眼帘，这就是著名的"招提壁垒"。"招提壁垒"四个醒目的汉字真书就刻在绝壁的半山腰。字的周围还有不少佛像浮雕，以莲花生的画像为多，既说明雕像的古老，也说明莲花生经此进入吐蕃是不争的事实。"招提"一词源于梵文，是寺院的别称。"招提壁垒"，是当年清军驱逐入侵的廓尔喀人留下的遗迹，其含义很难揣测，或许说明了此处已经壁垒森严？

在吉隆镇东南1公里左右和邦兴附近，有两处比较整齐的墓地。这两个墓地的坟堆都以108为数，排列整齐。每个坟堆都是用石头砌成，圆

宗嘎曲德寺及其壁画、木雕等

招提壁垒山隘及石刻

底尖顶，底部直径约一两米。在邦兴墓地的边上还有一座被说成是清军帽的石雕。这些墓到底是哪一个时期的，大体有两种不同的说法。一说这是吐蕃时期的古墓群，一说是当年清军驱逐廓尔喀人时英勇牺牲的将士的墓地。两种说法各有各的理，到底哪种说法准确，只能从那些未见天日的史籍或考古发掘中去求证了。

关于古墓群这种以108为数的形制，不仅吉隆有，西藏其他地方也有。我本人就在那曲地区尼玛县申亚乡见过这样一处古墓群，其形制与邦兴这处基本一致，并且年代似乎更为久远。据当地人讲，可能是象雄时期的一个战场遗址。由这个并不必然的联系，吉隆的墓群也或许是吐蕃、象雄时期的。至于那座"清军帽子"的雕刻是一座独立的墓还是石塔，很难断定，也许再出现第二座就一目了然了，也希望考古专家能给出

252

个准确的答案。但我觉得，以佛教108这个吉祥数字建成的墓群可能是一种历史定制，吉隆的墓群和尼玛的墓群并无大的差别。在邦兴，还有一些形制较大的墓地，散落着大小不一的坟茔，有的甚至用巨大的石材垒成，到底是古墓还是清军墓目前仍无法断定。

美丽古老的帕巴寺及其外墙壁画

  帕巴寺是一座千年古寺，据传是松赞干布迎请尼泊尔尺尊公主时，所建立的镇边寺庙之一，也是为尺尊公主休息而建。帕巴寺20世纪60年代被毁，后又得以重修，现在作为一个标志性建筑物屹立在吉隆古镇上，成为当地信教群众朝拜的场所和著名的旅游景点。帕巴寺建筑风格独特，整体形状为四层楼阁式石木塔，层层出檐，逐层收分，每层均设有壶门、小窗，建有挑檐、椽子、飞头、瓦垄等，塔心有楼梯可盘旋至顶。塔之四角自下而上，第一二层檐角上套有黄铜制成的火焰形套饰，第三四层上为黄铜制成的翘檐伸出，顶部有黄铜制成的刹顶，以圆光、仰月、宝盖、宝珠连接而成，屋面用红铜盖顶，与江孜白居寺的千佛塔有异曲同工之妙。寺内主供释迦牟尼佛像，也是西藏著名的三尊铜质佛像之一，现存印度。该寺为尼姑寺，现只有四名尼姑。

  尺尊公主，尼婆罗人，是吐蕃赞普松赞干布统一西藏后迎娶的第一位外籍王妃。尺尊公主带来了松赞干布期盼的释迦不动金刚像（即释迦牟尼8岁等身像）、弥勒法轮和度母旃檀像及大量佛经、珠宝。她乘坐大象驮载的精美轿子，经芒域吉布村（今吉隆吉普村）进入吐蕃地界。吉普村有一个大峡谷，长约20公里，窄处只有20余米，不仅大象不能过，而且没有桥梁，行人也无法逾越。送亲的人们到此只能止步。当时应该是有简陋的索桥。迎亲的人们将公主迎至吉隆，并举行隆重的迎亲仪式，狂欢数天。

尺尊公主离开吉隆后，沿吉隆河谷而上，经贡唐拉山、定日、日喀则等地，最终到达逻些（拉萨）。松赞干布在红山上与其会面，并为其建造了布达拉宫最早的建筑。布达拉宫现存的法王洞中还有尺尊公主的塑像。尺尊公主经过吉隆时，留下了不少佳话，至今人们还在传诵。

传说尺尊公主送亲时经过的吉布峡谷吊桥和桥边的"一刀两断"石

在邦兴的墓群附近，还有一处风格奇特的石雕，为三尊彩色佛像，雕工虽嫌粗鄙，但神态可掬，风格绝对是南亚的，是否与尺尊公主进藏有关，不得而知。

佛教大师寂护、莲花生、米拉日巴都与吉隆有着很深的渊源。寂护和莲花生，都是印度著名僧人。8世纪中叶，吐蕃赞普赤松德赞崇信佛教，为了抑制苯教的发展，请来了两名"外来的和尚"，这就是寂护和莲花生。史载，他们两人均是由芒域即吉隆进入吐蕃的。莲花生到来后，在赤松德赞的主持下，修建了西藏历史上第一座佛法僧"三宝"俱全的寺庙桑耶寺，开创了藏传佛教第一个派别——宁玛派（俗称红教），他本人也被尊为宁玛派的祖师。莲花生因传说生于莲花之中而得名，藏语称"古如仁布钦""吾金仁布钦"等，是一个注重个人修行的僧人。莲花生几乎走遍了藏族聚居区，到处都留下了不少关于他的传说，西藏最著名的一些山洞几乎都与他修行过有关。所以，莲花生也为广大信教群众所熟知、所敬仰。在西藏，几乎每个寺庙都供有他的塑像，并且很容易辨认：端坐于莲花宝座之上，宽宽的脸庞，圆圆的眼睛，对称的八字胡，左手持钵，右手持金刚杵，一派庄严景象。

米拉日巴,公元1040年出生于吉隆县宗嘎镇杂隆村,藏传佛教噶举派(俗称白教)的重要人物,也是一位西藏妇孺皆知的以苦修著名的高僧。米拉日巴出生后不久父亲就去世了,24岁的母亲不肯嫁给米拉日巴伯父之子,激怒了伯父伯母,他们剥夺了米拉日巴全家的财产,把他们一家逼得走投无路。于是,米拉日巴到卫地学习了咒术,回到家里后,杀了伯父一家,为母亲报了仇。后来,米拉日巴向大师玛尔巴学习佛教。大师先教他学习耕作,再教他学习建筑,现今存于山南洛扎县的桑嘎古多寺就是他建了拆、拆了建,反复多次建成的著名寺庙。苦其心志后米拉日巴开始学法。6年后米拉日巴回到家乡,看到母亲、妹妹和他梦到的一样在流浪时,遂卖掉田地,继续修行。米拉日巴先是在扎嘎达索寺修行了若干年,又到冈底斯山修行,在著名的冈仁波齐神山与苯教法师纳若本琼斗法并取得胜利,从此声名远播,在84岁时圆寂。米拉日巴的弟子达不拉杰创立了达布噶举派。米拉日巴修行的扎嘎达索寺至今仍悬在吉隆河谷的半山中,不过历经变迁,已经成为一座尼姑寺。

吉隆与象雄之关系

　　象雄是西藏高原吐蕃时期甚至比吐蕃还早在高原西部建立起来的一个王朝，其地域包括现在的阿里地区及藏北乃至康区局部。吉隆与象雄有什么关系，这是我们所关心的。

　　唐史把象雄称之为"羊同"，同时还指出与"羊同"相毗邻的还有一个"小羊同"，那么，"羊同"自然就是"大羊同"了。大小羊同虽不相属，但毕竟有相近的东西，所以一般书中也不做详尽区别。但这个小羊同在什么地方？一直没有结论。多数学者认为吉隆即是"小羊同"，藏语把这个地方称为"芒域"。由于当时中原地区的人们很少有到过小羊同的，以致书中记载大都属于"道听途说"，缺乏真实依据，并且以讹传讹，相互抄袭，倒真的不明不白了。《大唐天竺使之铭》的面世，为我们确认小羊同的位置提供了一些情况，使得我们不得不重新审视小羊同的位置。石刻中明确指出"年夏五月届于小杨童之西"。这里的"小杨童"为"小羊同"之音译的别写不会有人怀疑。这里首先肯定了小羊同的确存在，并且在雪域高原的西部。但"小杨童之西"是什么意思？是属于小杨童的西部，还是小杨童之外的西部？如果这里不是小羊同，那这里归属何地，是大羊同吗？这给我们留下了不少疑问。不过，无论何种说法，小羊童的主要疆域或包括吉隆，或在吉隆以东，这是确定无疑的。吉隆现为日喀则地区西部的一县，其东，亦即西藏中部偏西的地方，约为今日喀则市、江孜、拉孜、定日一带，如更广一些则也包括雅鲁藏布江两岸的广大地区。这一带，应当即为小羊同的地望。按大羊同国"东西千里"计，应横亘于吐蕃即拉萨之北，西北则是于阗（今新疆和田）。《释迦方志·遗迹篇》中有关于从吐蕃国"又西南至小兰同国"的记载，指的也应该是吉隆及吉隆以东这个位置。书中讲，从甘肃河州北渡黄河到青海，经白兰羌、苏毗，到吐蕃，吐蕃之西南即小羊同。而《通典》等所载"大羊同东接吐蕃西接小羊同"，或是作者把方位搞错了，或另有所指，不得而知。如果就是大羊同以西，指的则应该是拉达克一带。也有一种说法，认为普兰是小羊同，似乎也不无道理。因为从地理特点来看，虽然两地相隔六七百公里，但由于喜马拉雅山脉的一些山口作为桥梁，两地沟通起来并不是特别困难。由此看来，小羊同并不小，只是人们把它叫小了。如果《通典》的描述是准确的，那么可以说，小羊同是大羊同以西、以南的广大领土。

这些绕来绕去的话也许看得大家头都疼了。是的，象雄的疆域是个复杂的问题，似乎从未有过定论。不过，我认为大羊同也罢，小羊同也罢，其疆域都不可能是一成不变的。作为游牧为主的大国，由于战争和迁徙等多种原因，还有其部落联盟的国体性质，使得其疆域的伸缩性相当之大，不排除许多地名会从一个位置转到另一位置这种可能性。比如，在早期藏文文献中，象雄（包括古格）连同芒域和桑噶尔似乎已经定位于西藏以北和东北，但在后期的文献中，芒域、象雄、古格、桑噶尔被称为阿里的几个部分，都在西藏以西和西南。

不过，还有一个有意思的情况。那就是王玄策留下这个《大唐天竺使之铭》是在公元658年，这时松赞干布已经去世。而史书记载，吐蕃发兵灭象雄是公元630年，小羊同被吐蕃所灭还应在此之前。史家普遍认为，伴随着象雄的灭亡，吐蕃统一了高原全境。此时的大羊同、小羊同应该都是吐蕃的势力范围了。所谓"小杨童之西"，或许只是沿用过去的地名而已，并非实质意义上的独立王国。当年王玄策从吐蕃借精骑攻打印度，应该不会隔着一个小羊同借兵，很有可能当时的小羊同已成吐蕃的属国。且拉萨距离尼泊尔千里迢迢，说不定那些精骑就是直接从小羊同派给王玄策的。

在吉隆行走，能看到许多与札达、普兰一带相近的地貌，特别是土林，虽规模不大，但与札达土林的形态很接近。历史上的贡唐王朝与古

古道及道旁的石刻。雪山与林海之中，隐藏着快被荒草填满的古道，谜一般地通向远方，似在指引我们追寻的脚步。

格是属于同一时期，都是吐蕃的后裔所建。这也难怪，大小羊同虽各不互属，但一定有着地域风俗等多方面共同的东西。遗憾的是，关于小羊同的历史记载太少了，我们无法描述那是一个怎样的国度，只能从象雄支离破碎的记载中揣测当时的生活情景，并期待着更多考古发现来填补空白。

不过，仅就《大唐天竺使之铭》的发现而言，它再一次证明了西藏高原在中西交通史上所占有的重要地位，证明了喜马拉雅山并不是不可逾越的障碍。可能早在汉唐时代，这里便有过一条"高原丝绸之路"或"佛教传播之路"存在。这条国际大通道的价值至今仍远未被发现。

这条沧桑的古道，承载着从古代匆匆走来的人们，承载着一千多年的历史，承载着一段段绘声绘色的故事与传说。每当想起那淹没在萋萋荒草中的古道，便有一种梦回唐朝的感觉，而王玄策等传奇般的英雄们，仿佛正策马从古道飞驰而过。

吉隆的林区植物多样，以这样一幅美丽的照片结束吉隆之行。图左边那棵便是闻名遐迩的红豆杉。

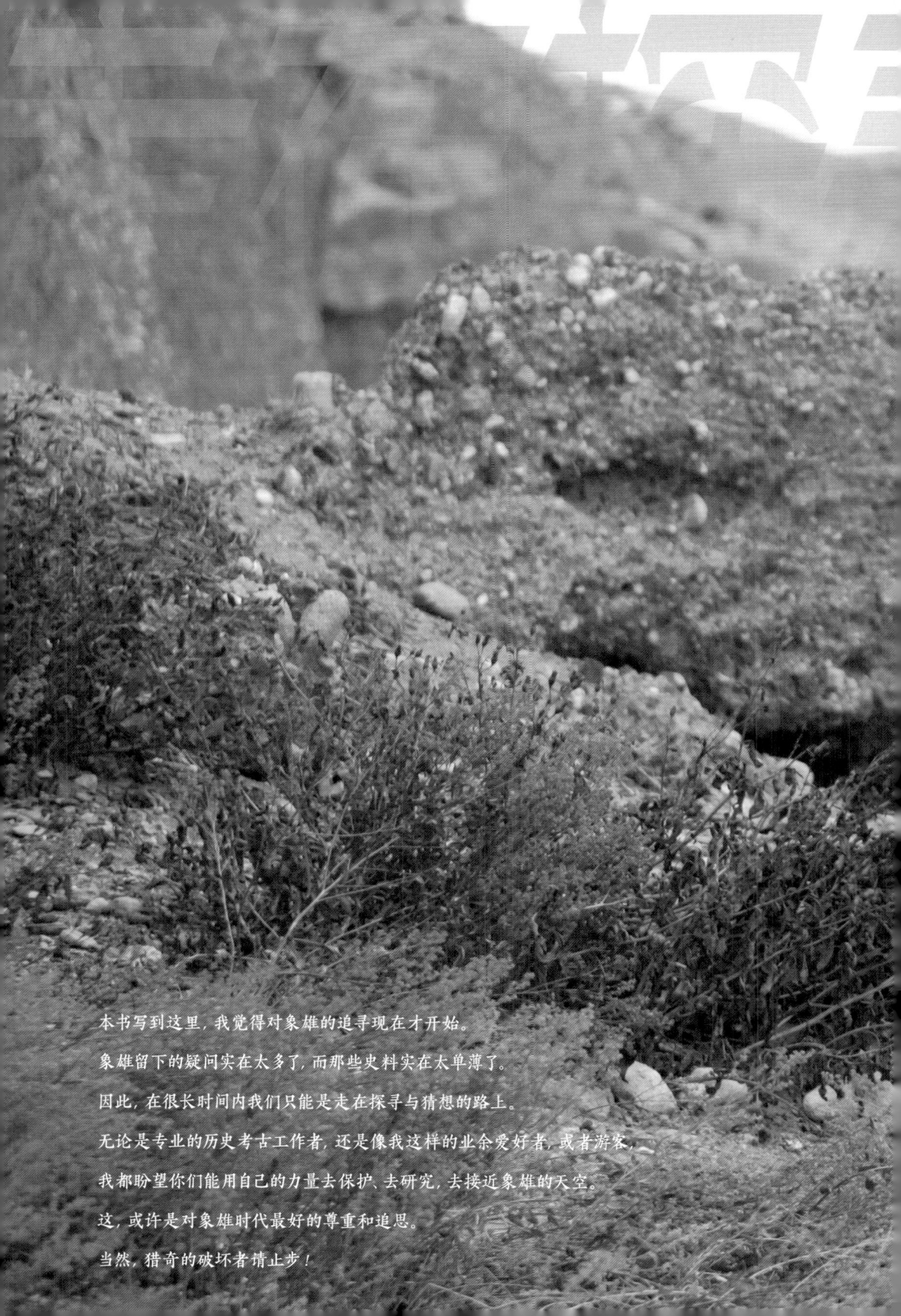

本书写到这里，我觉得对象雄的追寻现在才开始。

象雄留下的疑问实在太多了，而那些史料实在太单薄了。

因此，在很长时间内我们只能是走在探寻与猜想的路上。

无论是专业的历史考古工作者，还是像我这样的业余爱好者，或者游客，

我都盼望你们能用自己的力量去保护、去研究，去接近象雄的天空。

这，或许是对象雄时代最好的尊重和追思。

当然，猎奇的破坏者请止步！

结语·走在探寻的路上

盘旋的道路犹如对象雄的追寻, 无数的史料会把人绕进云里雾里, 但坚持一直走下去, 再艰险的路都会把我们带到山顶。

本书写到这里，与象雄有关的无关的，有用的没用的，写了一大堆。可我总觉得，对象雄的追寻现在才开始。

是的，如果本书的文字和图片能够激起您关于象雄的哪怕一点点兴趣，就够了，追寻的旅途接下来就开始了。

象雄留下的疑问实在太多了，而那些史料实在太单薄了。因此，在很长时间内我们只能是走在探寻与猜想的路上。作为一个在较长时期内存在的王国，有盛有衰是规律使然。种种迹象表明，到李迷夏之时应当说象雄已经国力不济，否则也不会让吐蕃乘虚而入，将其灭亡。

是什么原因让它走向衰微的呢？象雄的文明在青藏高原文明史乃至中华文明史上究竟占有什么样的地位？当时的象雄与中亚西亚各国、与中原地区、与吐蕃的交往情况如何，究竟扮演何种角色？一个个的问题，扑朔迷离，很难找到准确的答案。

西藏和平解放以后，西藏历史学、考古学得到新生。一大批有志于西藏研究的专家学者们花费了大量时间、精力来研究已经远离了我们的西藏历史，收获了众多的成果。象雄自然也成为人们研究的对象之一。特别是近年来，社会上兴起了一股象雄热，这真让人高兴。

一个偶然的机会，让我有热情和时间来近距离接触象雄，我深知这种机缘可遇而不可求，因此十分珍惜。这几年里，我对象雄就像着了魔一样，梦绕魂牵，只要谈到象雄，就无比激动，甚至成了话痨，逢人便讲。凡是和象雄有一点沾边的书，都不遗余力收入囊中。两年多的时间里，我六七次前往阿里，两次到吉隆，那曲藏西北一带也去了好多次，有的地方甚至是一去再去。按理说，心里多少该有点谱了，但实则相反。看的书越多，去的地方越多，我越感觉到象雄的神秘与博大，下笔也更加惶恐了。现在，我心里的石头不仅没有落地，反而感觉前面的路是那么长。此刻，心中的象雄，就如同圣洁的冈仁波齐，你可以匍匐朝拜，也可以凭借现代化设备清晰地拍摄，但却永远无法触摸，更不可能深入它的内心。

我体会最深的，是那块织有汉字的王侯铭文锦。当谈到西藏与祖国内地交往史时，学界绝大部分人认为西藏与祖国内地发生联系是在公元7世纪，即唐朝时期，并且唐史的记载也是不知此前有吐蕃，更不用说象雄了。直到吐蕃强大起来，对唐朝造成威胁的时候，唐才重视吐蕃的存在并及象雄。但这幅王侯铭文锦的年代毋庸置疑，是汉魏时期的，这给西藏历史增添了新的内容，西藏与祖国的关系史也至少要上溯到汉代。从这种意义上来看，这幅王侯铭文锦真是非同小可！它承载着历史，勾起了人们对那时的向往，也把历史的脉络进一步理清了。

最让我激动的，是我找到了象雄的故都穹窿银城，虽然仍有待进一步考证。我列举了三条理由，到现在仍坚持最初的判断。也有人说，此处遗址的时间晚于卡尔东城堡。我不反驳，从时间上讲，卡尔东城堡也可能要早些，但就特征和规模来讲，你不能否认札达曲龙的这个穹窿银城更接近人们对王朝都城的想象。至少，把象雄的故都形象化了，从地形上便可以认定为象雄的都城。而其他地方，怎么看都不像。也许这是我的偏见，但请允许我情有独钟！

还有点特别想要说的，象雄是一个大的地理历史概念，其疆域、交通和繁荣程度很可能超出了我们的想象。东到四川藏族聚居区、南达南亚的一些地方，北到南疆乃至西域大部，西到大食。这是怎样一个国度？难以想象！我们研究象雄、走近象雄，一定不能被现在的地理区划所局限，只有这样，才会真有收获。要从我国西部包括青藏高原和西域这个大的地理概念来看待象雄，在那个时代，象雄即使说不上举足轻重，也在这个范围内占有一席之地，是一个重要的王朝，其发源比吐蕃王朝还早。这里处在一个重要的交通要道上，从已经出土的文物和遗存下来的大量歌舞、民俗、服饰、传说等丰富的文化遗迹，完全可以证明它曾经的辉煌。有人作过考证，象雄作为一个交通要道，从东面讲，有唐蕃古道，且不止一条；从北部讲，新疆至少有两条通往象雄的道路；从对西亚、南亚方向讲，噶尔有扎西岗和典角，日土有顿不契列和斯潘古尔，札达有什布奇和楚鲁松杰，普兰有斜尔瓦、丁拉和强拉等多条著名通外山口。所以，这里也是一个各种文化的交汇地。何况在唐代，吐蕃还一度统治南疆地区几十年。直到现在，我国新疆以及南亚的一些艺术风格，甚至生活习俗都能在阿里大地上找到，尤以寺庙中居多。而西藏的一些古代文献、遗迹要到新疆乃至西北亚一些国家去找寻。象雄与吐蕃既有密切的联系，又有其独立性，当然后来被吐蕃所灭，这是后话了。也有人提出关于象雄属于哪个民族的疑问，我认为在象雄时期这是一个多民族交汇的地方，直到吐蕃灭掉象雄以后，才逐步形成以藏族为主体的民族。

象雄历史给我们留下的不过是断简残篇中的只字半语，考古发掘与考证尚待时日。站在象雄的土地上，呼吸着清鲜的空气，面对眼前的苍茫高原，我感到自身的渺小，也对自己的寻找心生犹疑。接下来这部分是笔者翻阅了一些拉拉杂杂的史料和专家学者的文论之后形成的，有史料的记载，有专家学者的观点，也有自己的思考，甚至是不着边际的猜想，因为篇幅限制，加上自己也不是专家，所以均点到为止。

我知道，从极其残缺的史料和遗址中得来的印象和感受，必然也是残缺的。在此，真诚期望更多的有志之士不吝赐教，也希望随着实地考古成果的不断发现，象雄的土地能带给我们更多的惊喜。

关于象雄的政体及其疆域、文字、交通等

值得注意的是，作为西藏历史上的双子星座，象雄与吐蕃的关系颇

为微妙。两地同处青藏高原，喜马拉雅山脉、冈底斯山脉、唐古拉山脉和昆仑山脉把这个高原分成了几个大小不一的高地上的平原，大体上北高南低。从考古发现来看，遍布高原大地，都有早期人类的生活遗迹。象雄在前，以游牧为主，兼有农业，民风相对剽悍，物产富足，物资和文化的交流对王国发展有重要影响。吐蕃在后，以农区和半农半牧区为主，物产相对匮乏，非常重视对外关系和文化交流。两者虽有很大不同，但同处青藏高原，而且彼此影响颇深，也有很大程度上的可比性。

笔者以为，作为统一的王国，象雄王权的集中度在各个时期也是不同的。象雄据传有十八鹏王，一说是18代鹏王，一说是指18个小国的王。由于史料匮乏，我们很难了解当时的真实状态。从吐蕃的状况来推测象雄，笔者倒是更倾向于象雄是由18个小国组成的大国。而象雄王对各小国的统治纽带，多半也与吐蕃类似。

据敦煌出土的古藏文卷宗记载，悉补野氏族（即松赞干布家族）未统一吐蕃之前，藏地是一种类似战国群雄式的小国林立状态，散布在

即使在现代化的今天，阿里的牧民们依然喜欢以马为坐骑。这山坡上的两匹马，正等待着主人的归来。它们与阿里高原的荒凉高贵融为一体，令人久久无言。

河流经过的谷地，便是郁郁葱葱的林木，充满着无限生机和希望。

西藏高原各地的割据势力共有17个。后来崛起在高原的雅砻，则只是其中一个。这些小国之间是自古已有的各种地方势力，各有城堡和家臣属民，互不统属，各行其是。杜佑《通典》云其"不知有国之所由"。后来，悉补野氏族所率领的雅砻部落独树一帜，17个割据势力除工布、娘布外，其余15个均化为吐蕃王朝地方体制的编户之民。15个小国的消亡时间和形式各有不同，但基本上来说，这些小国的统治者及其家臣大部分都被吐蕃王朝所吸收，并通过一连串的盟誓建立起独特的臣属关系。

西藏地处高原，地域辽阔，地形崎岖，平原和谷地极少，大部分为高山，交通不便，气候变化莫测，自然环境严酷。应该承认，这种自然环境会对民族性格的形成有较大影响。《通典》形容吐蕃人的性格是"非其种类，辄不相服"，《册府元龟》也有很逼真的记载："好咒誓而多疑忌，敬信释氏、谄鬼神。"也就是说，各地由于交通不便和环境的恶劣，容易形成强烈的地方色彩，具有强烈的排他性，而且性格桀骜不驯、争强好胜、多疑善变。甚至对宗教的狂热，也可以解释为这种自然环境很容易让人产生畏怖、惊骇与疑惧的情绪，因此便借宗教来解释神秘的自然现象，慰藉心灵，祈求免除不可知世界的威胁与侵害。

正是基于这样的特殊环境和民族性格，形成了与众不同的政治统一方法——盟会。盟会，指的是为了确立彼此的结盟关系，凝聚形同散沙的各氏族部落，而召开的一种集会。在盟会中，双方或多方立"盟誓"，并通过杀牲告天的方式，规定彼此的权利义务。《旧唐书·吐蕃传》记载："与其臣下一年一小盟，刑羊狗猕猴，先折其足而杀之，继裂其肠而屠之，令巫者告于天地山川日月星辰之神云：'若心迁变，怀奸反复，神明鉴之，同于羊狗'。三年一大盟，夜于坛墠之上，与众陈设肴馔，杀犬马羊驴以为牲，咒曰：'尔等咸须同心勠力，共保我家，惟天地神祇，共知尔志。有负此盟，使尔身体屠裂，同于此牲。'"

《旧唐书》的记载是可信的，高原先民对盟誓这种仪式感很强的东西是很崇奉的。不过，这种盟誓也是在不断发展变化着的，每次的誓词也因关系的变化而有所不同，现在我们还能在典籍中找到一些吐蕃时期的誓词，很有意思。据《敦煌吐蕃历史文书》之《赞普传记》记载，位于拉萨河流域的娘氏、韦氏、农氏、蔡邦氏等四氏背弃了本来的统治者森波杰·赤邦孙，而向论赞弄囊（松赞干布之父）的悉补野部宣誓效忠。其誓词为：

自今而后，定将森波杰弃于背后，定将悉补野拥于怀抱中，绝不背叛悉补野赞普，绝不使其丢脸。绝对保守秘密，绝不把外人当自己人。绝不三心二意，决定要英勇献身，决定要拼命忘己，决定要听从赞普命令，决不受他人甜言蜜语的诱骗，特此盟誓。

史载这次宣誓后，大家便齐心共灭森波杰·赤邦孙，论赞弄囊则分别赏赐了这四氏以堡寨、土地、居民等，从此四氏成为悉补野的忠诚下属。后来悉补野部在松赞干布时迁都拉萨河谷的逻些，即今日之拉萨。紧接着，史料又详细记载了松赞干布与四氏之一的韦氏互盟的誓词。首先是松赞干布的誓词：

自今以后，尔等兄弟子侄，于悉补野赞普驾前，忠贞不二，不阳奉阴违。永远永远，世世代代，都绝不对义策之子无过而降罪，绝不听信离间之语。纵使听到离间之语，也会让其辩解申诉，决不加以惩处。倘若义策之子孙后代任何一人有意想不到的不忠者，除不忠者本人外，绝不株连对未参与盟誓的其他人等，决不降罪，决不像对猪一般，用武器来刺杀；也决不像老鹰追赶小鸟一般。有任何一无过失且有能力者，绝不泄弃，决不贬抑。对义策之子的封赐，决不低于金告身，决不无罪而没收其奴户、土地。忠心不二者绝嗣后，亦不没收其奴户、土地。尔若不忠则不得参与盟誓，尔若将奴户更换或献于他人，亦不得参与盟誓。

世世代代，永远永远，王室之子孙均遵照此誓办理。

松赞干布誓毕，韦氏一族发誓云：

对于赞普悉补野赤松赞父子及其后裔决不变心，永永远远，无论赞普怎么做，子孙后代决不变心。决不另找他人做主子，决不与其他想不忠的人联

合，决不在食物中下毒，绝不对赞普花言巧语。若我兄、母、弟及子孙之中有人不忠之时，也决不隐瞒不忠之事，绝不与不忠的兄弟手足为伍。若听闻有人对赞普不忠时，决不隐瞒。对任何无过失之人，决不挑拨离间。若被任官，对所有民众永持公正之心，对赞普所下之任何诏命，绝对予以执行，特此盟誓。

更多的史料显示，盟誓在最初仅仅是氏族部落联盟时期的神圣象征，确立平辈中"第一"的身份而已。到松赞干布统一吐蕃全境，盟誓转为维系君臣关系、确定君臣差别的行为规范。再后来，随着王权的集中，盟誓则成为一种"契约"般的关系，包含着生杀予夺的重大权力。吐蕃政府的官员，大多是由赞普任命各氏族成员担任。因此，在吐蕃政府中任职，既是各氏族的权利，也是其义务。我们看到，在论赞弄囊时期，赞普与众多氏族共同盟誓，到松赞干布时期便是赞普与各氏族单独盟誓。再后来，赞普不再亲自参与会盟，改由大相或中央大臣前往各地主持会盟，由一年一次，增为一年两次，于每年夏、冬两季举行，称为夏盟和冬盟。这时，盟会已成为中央与地方的互动关系。不过，赞普仍会与有功的大臣、重臣盟誓，作为一种封赏大臣的措施。由此，我们也可看出赞普王权不断强化、巩固的轨迹。

不仅国家内部靠盟誓维系，与周边国家的交往，也沿用这种会盟的习俗，我们所熟知的、至今还矗立在大昭寺门前的唐蕃会盟碑便是一个极好的例证。

不过，冠冕堂皇的誓词背后，其实是权力和利益的纠结与制衡，反而向我们透露出当时政治环境的险恶。历史的经验告诉我们，这样的誓词并不可靠，或者不足够可靠，因为那些誓词中保证"决不"发生的事情其实在之前之后都频频发生。唐代，吐蕃有10位赞普，竟有7位死于非命。松赞干布之父论赞弄囊便是因为行赏不公，引起内讧而被毒杀，部落联盟也随之解体。《敦煌吐蕃历史文书》这样记载："父王臣民怨，母后臣民叛，外戚羊同，辐牛苏毗，聂尼、达布、工布、娘布全都叛变。"松赞干布正是在这种危机混乱中即王位，对毒杀其父亲的氏族采取灭族的残酷手段进行报复，并平定反叛，使吐蕃恢复统一。为避免重蹈覆辙，松赞干布对这种毫无章法、散漫无保障的氏族联盟进行约束，制定大法律令，突出确立赞普的君主地位，使吐蕃政体成为君主集权的王朝政体。

除了盟会，联姻是另一种巩固关系的纽带，而且看起来似乎更为可靠一些。

论赞弄囊时期，象雄与悉补野政权便有姻亲关系。此之前是否有类似关系，由于史料缺乏而不知。后来，论赞弄囊遭毒杀之后，象雄便单方面毁坏了两者的同盟关系。到松赞干布时双方重新交好，松赞干布娶了象雄公主，象雄王李迷夏娶了松赞干布之妹萨玛嘎。当然，正如史书中记载，正因为萨玛嘎的里应外合，"此王（松赞干布）之时，发兵攻打羊同之王，掌其国政后，羊同王李迷夏失国，将羊同全境收为属民"。这就是后话了。除了象雄，吐蕃还一边打、一边联姻，先后与帕米尔高原上的小勃律、唐古拉山脉的苏毗和藏东南的工布、达布、娘布及青海地区的吐谷浑建立了较为稳固的宗属关系，从而统一了整个青藏高原，建立起庞大的吐蕃王国。

以后推前，我们推想象雄与各诸侯国和周边小国的关系应该大致与吐蕃类似。或者说，象雄与附属国和周边国家的关系并不会比吐蕃更稳固。无论姻亲，或是盟誓，在膨胀的野心和令人垂涎的利益面前，都是不堪一击的。

前文也提到过，据史家考证，松赞干布发兵灭象雄是在公元630年。但根据《吐蕃大事纪年》的记载，吐蕃于630年灭象雄后，并未将象雄纳入吐蕃整体之中，而是仍保留象雄国，将李迷夏的权位转给其继任者李聂秀，以作为吐蕃的附庸国。至643、644年间，再废黜李聂秀，剥夺

李氏政权，另立李氏的家臣穷波拉桑杰。653年，吐蕃又派遣几若王的家臣布金赞玛穷前往象雄任职，担负监督及整编象雄的任务。接着，吐蕃于662年、675年征收象雄的税赋。至677年，象雄发生叛变。678年，穷波拉桑杰遭罪谴而被剥夺王位。680年，吐蕃查没穷波拉桑杰的家产。至此，象雄完全为吐蕃所收编。

《吐蕃大事纪年》是这样记载的：

此后三年，赤松赞赞普之世，灭李聂秀，将所有羊同收为属民……牛年……与拉桑杰之家臣任大夏，行土地大宗交换，以布金赞玛穷任羊同之官员。……狗年……大相东赞于土居之地，征羊同赋税……。猪年……论赞聂于欣木之古兰地方，征集羊同赋税……牛年……羊同叛……虎年……拉桑杰本雷容与曲赤最竹循二人获罪……龙年（680年）……清查曲氏与拉桑杰之财产……羊年（719年）……征集羊同及玛尔之（？）……

另外，值得一提的是，松赞干布对穷波拉桑杰家族还是相当重视与宽容的。松赞干布的第三任大相穷波邦色苏孜便出自穷波家族。后来，穷波邦色苏孜因谋叛事发，自刎身亡。其子割下父亲首级，提见松赞干布，请求不要株连穷波家族。松赞干布从其所请，仍然维持了穷波家族的地位，并让他们担任重要官职，在后来的吐蕃王朝发展中亦有所作为。

象雄的疆域一直都是学界争论不休的话题。据汉文史料《通典》《册府元龟》《唐会要》等载："大羊同东接吐蕃，西接小羊同，北直于阗，东西千余里，胜兵八九万"。藏史《苯教源流》载："象雄与上部（即西部）克什米尔相连，北接于阗雪山及松巴黄牛部之静雪地区（青海西南地区），南抵印度和尼泊尔。"汉藏两史所载象雄地域基本一致。然象雄东接吐蕃，以何地为界，汉史记载不明，藏史《佛法铁注》填补了这一空白："象雄与吐蕃，以后藏之卡日阿为界，藏西北大片地方皆为古象雄之辖区"。

象雄和吐蕃皆为古玛桑赤面种族分支，同属一族，而语各异。象雄王室姓"亭葛"，西藏古代一氏族名，传说源出于天神。《唐会要》大羊同国条云"其王姓'姜葛'"，其中除"姜"字译音有误外，与藏文史料载王室姓"亭葛"音同，说明象雄与吐蕃同出一族，并非像一些人所说，象雄为羌族、原是羌族的发祥地等等。象雄为苯教之源。象雄人笃信苯教，重鬼神，喜卜巫，忌食野马肉。象雄盛世，即十八代鹏王之时，也是雍仲苯教盛行之际，雍仲苯教文化源远流长，遍及青藏高原，至今仍深深地影响着藏族人民的社会生活。

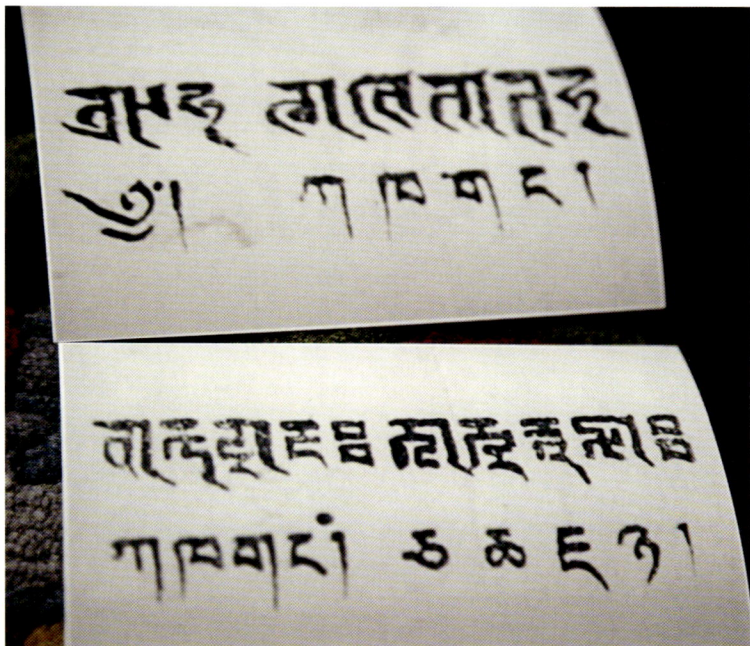

文字是文明发展到一定程度的必然产物。对于灿烂发达的象雄文明来说，它的文字一直像个谜一般神奇莫测。在藏族历史上，佛苯二教学者对藏文起源持两种截然不同的观点。佛教学者认为藏文是公元7世纪松赞干布的文臣吞弥桑布扎按照天竺梵文的字体创制的，而苯教学者则认为藏文完全是从象雄文演变而来的。不过，了解点藏族史的人一看就明白，这两种观点并不仅仅是学术上的争议，更重要的是牵扯到这两个宗教的利益。关于藏文起源的历史记载都出自一些宗教典籍，而藏族聚居区宗教又不外乎佛苯二家，故这些典籍都是以佛苯二家的发展为主线进行叙述的。

不过，众多理由使我们相信，象雄文不仅是存在的，而且还是创制藏文的重要基础。辛绕米沃创立苯教，苯教教义必须得通过典籍来传播，而典籍又离不开文字。天才的辛绕米沃吸取邻近地域文字的特点，创造了一种堆积形式的文字,古人把这种文字称为"达斯邦文",也叫"玛尔体文"。达斯是地名,即汉文典籍中经常出现的"大食",藏语中是虎豹之意。在藏族的地理概念中,达斯是波斯、阿富汗、克什米尔一带的统称。聪明绝顶而又见多识广的辛绕米沃就是根据达斯这一地域的文字,结合象雄人的发音特点、符号和思维方式,创制了文字。

我对藏文一知半解,古藏文、象雄文什么的更是根本不懂。不过,从现有材料看来,比早期藏文更早或同时在我国西部存在过三种字母基本和藏文相同的古文字,这就是所谓的南语、于阗文和象雄文。目前看来,象雄文是跟藏文关系最密切的语言。它起源于象雄,随着苯教的发展传到了吐蕃,对其产生了深远的影响。我们可以基本认定,象雄文是藏文的规范化基础,起码可以说是雏形、蓝本。遗憾的是,我们现在能看到并认识的象雄文字很少。在穹窿银城所在地的山脚下,笔者拍到了许多刻有文字的玛尼石,据当地专家说,其中有的是象雄文,有的是藏文,有的则是二者混合在一起。笔者对此毫无研究,选取一些照片供大家参考。

关于象雄的葬俗,众所周知,藏民族是以天葬为主的。不过这并不意味着从古至今都是如此,藏族的丧葬形式是经历了历史变化的。据

　　　　　　　　　　　　　　　在穹窿银城发现的刻有文字的玛尼石

藏文史籍记载，在远古的"七天墀"之时，诸王死时是"握天绳升天"，"如虹散失，无有尸骸"。这种情况同藏族当时的认识有关，当时藏族认为其祖先来自天上，死后归天。天葬习俗始于何时，未见具体而确切的记载。佛教传入西藏后，对于西藏丧葬习俗的影响很大。在佛教中"布施"是信众奉行的准则，布施有多种，舍身也是一种布施。藏族佛教信徒们认为，天葬寄托着一种升上"天堂"的愿望，燃桑烟是铺上五彩路，恭请空行母到天葬台，尸体作为供品，敬献诸神，祈祷赎去逝者在世时的罪孽，请诸神把其灵魂带到天界。

依据西藏古墓遗址推断，天葬可能起源于公元7世纪以后，有学者认为这种丧葬形式是由直贡噶举派所创立的。公元1179年，直贡巴仁钦贝在墨竹工卡县直贡地方建造了直贡梯寺，并在当时推行和完善了天葬制度。

而天葬盛行之前，在藏地流行的是土葬。对象雄来说尤为如此，因为藏族土葬风俗的长期流行与苯教的盛行有着密不可分的关系。萨迦派的扎巴坚参在其所著《王统世系》中，根据最古老的文献资料描述了苯教早期传入吐蕃的情形。他指出苯教或其更早的宗教形态"突儿苯"（墓本）是在止贡赞普死时传入的。这种宗教仪式来自象雄和吉尔吉

冰雪覆盖的荒原上，一只黑颈鹤悠闲地踱步，那优雅的身姿让人浮想联翩。

特。究其原因，"完全是因为辛和苯波精通丧葬仪式，才把他们从象雄和勃律（吉尔吉特）请到西藏来的……止贡赞普……死后尸体留在了地上。从象雄召来了苯波，让他们修建陵墓并第一个举行相应的葬仪"。根据苯教经卷《札巴岭扎》记载："……当时（第二代赞普牟尼赞普在位时，约公元1世纪），在西藏腹地修建了37座苯教大师集聚点、37座佛塔、37根水晶石碑和37座墓葬"。这一段描述说明当时土葬习俗的盛行。后来，由于苯教的衰落导致了土葬习俗的衰落。公元869年爆发了一场席卷吐蕃全境的平民和奴隶大暴动，暴动的民众于877年将吐蕃王室陵墓挖掘一空，流行了长达几千年的土葬风俗也从此崩溃。

而在今天的阿里，也许由于苯教久远的影响，古墓葬群多有分布。而本书所提及的最近发现的阿里两处墓葬也均属象雄时期，墓坑中以木板支撑四周，死者的头颅、骨骸被分解开，并分别用丝织物包裹，骨骸有被火烧过的痕迹。

要解读这些墓葬的习俗，我认为还是要和苯教的习俗联系在一起。由于早期苯教史料的缺失，我也很难说出个所以然来。《唐会要》卷九十九记载："大羊同……豪长死，抉去其脑，实以珠玉，剖其五脏，易以黄金鼻银齿，以人为殉，卜以吉辰，藏诸岩穴，他人莫知其所。"按这种说法，象雄的贵族实行的应该是"岩穴葬"，但据我所知目前尚未发现此类遗迹，"金鼻银齿"也未曾见，只能期待更多的出土墓葬给我们解开谜团。

也许是因为今日阿里的遥远与封闭，要让人们理解象雄是个交通便利的大国，似乎是件不容易的事情。所以，我一次又一次地强调象雄的交通，不厌其烦。

学界普遍认为，象雄兴起于公元前4世纪前后，至公元7世纪灭国，

这是我很喜欢的一张照片。越野车载着我们驶上山坡，驶入那白莲花般的云朵之中，而遥远美丽的象雄传说，仿佛就隐藏在云朵之后，等待我们一路去追寻……

前后延续千年，幅员极阔，其大致地域包括今克什米尔、印度和尼泊尔部分地区、阿里高原、羌塘以及喜马拉雅山山南麓西南侧（今日喀则吉隆等地）一带谷地。象雄之后，阿里成为吐蕃的西门户，由此通道往北，吐蕃的势力长驱直入，打破了当时这片被中原唐王朝称之为"西域"的广阔区域间的势力平衡，形成了西有崇尚伊斯兰教的阿拉伯哈里发大帝国、东有强大的唐王朝、中为吐蕃的三足鼎立态势。糅杂其间的小国如于阗、古印度各小宗国等更是多不胜数。彼时的阿里除在军事政治方面显得格外重要以外，它还主要依靠喜马拉雅山与冈底斯山之间开阔的绿色走廊以及南部的孔雀河、西部的象泉河这三条通道，开始了与外部世界的交往，成为中亚、西亚、南亚、西伯利亚以及祖国中原地区政治文化交流的中心地带。

直到20世纪60年代，著名的英国记者内维尔·马克斯韦尔还这样描写新疆的阿克赛钦："虽然这个地区一片荒凉，人迹罕见，寒风刺骨，根本没有饲料和躲避风雨之处，然而，对人们来说，也还有它的重要意义。一条古时的商路穿过此地，在短促的夏季，中午前后几个钟头，溪流里的冰融化可供牲畜饮水时，载着生丝、玉石、黄麻、食盐、羊毛的牦牛队，就从现在的新疆经过这里前往西藏。"可见，这是一条古老的商道，穿行于西域和阿里之间的商队从未停息。

啰啰唆唆这么一大堆，也许反而使象雄的身影更加扑朔迷离。其实，关于象雄的谜团太多太多，而我们所能说清楚的太少太少，就到这里吧！

曲龙甘丹拉孜寺的象雄文书

行走在象雄大地上，只要留心和有一定耐心，你就会不断有新的发现。可以说，象雄处处有宝藏。对于象雄，最缺乏的就是文字资料了。不过，象雄人以绝对的虔诚和睿智，为我们留下了一批珍贵的资料，包括宗教经典。

2018年我再次到札达县曲龙村考察时，村庄正在整体重建，村民们都住进了帐篷。我来到村头的甘丹拉孜寺寻访。在即将离开时，寺庙主持拿出两件藏纸文书给我看。一件是关于天文历算的彩色长幅，有

在曲龙的甘丹拉孜寺，有一幅关于天文历算的彩色长幅，约四五米长，是用一种神秘的文字和部分藏文书写的，这种种神秘的文字至今没人能看懂。

四五米长。我急切地想了解文书的内容，遗憾的是，文书是用另一种文字书写的，同行的藏族同志文化水平并不低，可他们也看不懂。我感觉这件长幅非同凡响，肯定有很高的研究价值。

另外一件文书是用古藏文书写的，经过辨认，是吐蕃赞普赤松德赞给古格宰相赤邦祖普杰的诏书。其中写到赤邦祖普杰宰相家族在吐蕃四代赞普统治期间所作的贡献，并列出具体的功绩，给予充分肯定，要求无论如何都要善待这个家族。文书中标明是抄本,由宰相家族世世代代持有,等于是宰相家族的护身符。即便是抄本,在目前也应该是唯一的"正本"了,无疑填补了象雄历史的空白,其珍贵程度自不必说。这件诏书文字不长,谨把汉文译文抄录如下。

天降赞普,世间统领。人主天神化现。天神下凡统领人间之吐蕃悉补野赞普赤松德赞在卓雪波瓦宫殿期间,于兔年十二月颁发敕谕给北部古格宰相赤邦祖普杰:

宰相赤邦祖普杰虽在隙地,但对历代赞普忠心耿耿,尽力效力。祖辈达日聂赛时期,宰相赞朗赤顿谢赞在突厥(回纥)地区担任将军,联盟娘、韦、农氏三方及蔡邦氏,攻打(回纥),收复十二小邦上中部、羊同、悉补野、吐谷浑部众和达布迦部,供奉效力。

祖辈论赞弄囊隆南时期,宰相阿嘉赞布担任将军,在于比第(今拉达克一带)交战中英勇奋战,建立社稷基业,颁发盖章文书之盒,以此奖赏为边地与腹心建立基业的不朽功绩。

祖辈松赞干布时期,宰相芒杰赞拉聂征战汉唐,于嘎热加塘的交战中英勇善战,因其勇敢赐予虎皮马鞍垫。与噶尔松赞域颂和达加芒波杰松南结盟,建立吐蕃四个城堡,吐蕃划分为茹、松巴等,并兼并苏毗等,为国效劳,为此赐予小金字告身。

赞普赤松德赞时期,宰相赤邦祖普杰于西域那噶尔地方与聂果交战,自鸡年以来九年间扎营,英勇明朗,使边地俯首称臣。赞普年幼时,守护赞普,为巩固社稷大业不顾生命危险,努力奋斗,多次立下功劳。为此奖赏狮子衣领,赐予小瑟瑟(即天珠)告身。

宰相祖祖辈辈为(赞普)子孙后代尽心尽力,作出贡献,特颁发此敕谕。赞普王朝及王妃后裔子孙世世代代,不论何时,日久天长,对其子孙后代(的所有)不得更改,不得变动,不得减少,不得遗漏,按照此谕实施。(文

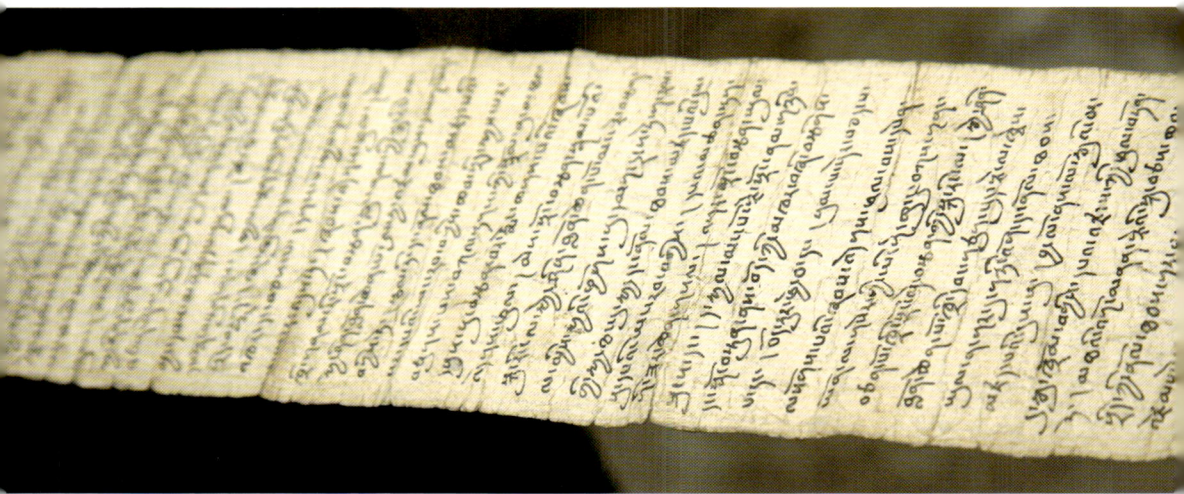

字不清晰）与历代世袭所颁敕书吻合，让其持有盖印文书及名号。宰相赤邦祖普杰子孙世代，包括赐予的各种大小名号在内，若有人侵害，遭伤害或死亡，不管是谁，都要为被侵害者供奉神祇，为防妖害，供九名异姓男仆、九名异姓女仆、九藏斗青稞、九袋酥油、九块红糖、九匹缎子、九头牦牛、九个固然、九个拉囊等。还赐予左边的孔雀般的博日神山、神湖，右边绸缎般的平地，以及九匹丝绸、九个金块、九头奶牛、九件头等铠甲、九把斧子、九个优质松石、九匹头等马、九头头等牦牛、九匹优质锦缎、数头牛羊等。九万九千九百九十九两九钱九囊九硫九荡。若有哨兵裂手，付衣钱九两；若巳死，付一头牛和一批丝绸、一匹马，妻子儿女付四百两。无论重伤轻伤，以杀人命价来赔偿。分给的仆人及牧场有木雅、塔达迦、囊巴蒂、吉日及墨迦、度辫等九个姓氏八十七庄。潘域地方的迦撵街，对成牧场农田一百十四五场。牧区为吉唐让姆以上，仲仓坚的草场以下，红岩曲度山沟为界，泽地奥仓为界，中间的若来拉香布玉等。受命售卖往日所属仆人以及农田牧场，至赤萨以上。命令比觉人为神魂守护者，舅父任命为大臣，平复。不论有何大小罪名，不杀、不舍。另命令，若有人谗言，不得随意听从、处罚。允许不下册令而可建农牧场等细则刻在石碑上。务必关照宰相赤邦祖普杰世世代代随从不占用、不流放。若有谗言也不听。不准争夺，只能协商而定。要慎重，不准轻易决定。

命宰相赤邦祖普杰世世代代遵守以上盟书，盖印后立于香香顿。抄写。潘域地方的杰辛火虎年。

这件文书历数了赤邦祖普杰家族自吐蕃第30代赞普达日聂赛时期到第38代赞普赤松德赞时期为吐蕃所建立的功勋，记载了其家族每个时期参与了哪些战争，为建立和巩固吐蕃政权立下了什么功绩，并获得了哪些奖赏，并立下盟誓，他们的子孙后代不论到什么时候，都享有这些名誉和地位。

尽管这件文书抄录的时间可能晚一些，但形成的年代一定是赤松德赞时期或者稍后，是地地道道的吐蕃文书，所反映的内容也是可以印证的，因为赤邦祖普杰家族在吐蕃文献中出现的频率还是很高的。这件文书的发现，是吐蕃王朝建立前后这段重要历史的有力补充材料，文书的内容对当时象雄的政体是一个很好的解读，从中也可以看到象雄与吐蕃的关系。对不同时期几次大的战役的记载，也需要研究。特别是对吐蕃奖惩制度的研究，文书中的信息也很重要。"盖印文书之盒""小金字告身""狮子衣领""小瑟瑟告身"，这些等级分明的奖励制度与惩罚的若干规定，勾画出一个等级森严的奖惩制度体系。这件文书的重要程度和史料价值并不亚于敦煌出土的吐蕃文书。在西藏发现这样的文书也是不多见的。

象雄是一个很大的谜，已知的东西太少，还构不成研究体系。可喜的是，近年来关注象雄的人越来越多，尤其是近年的考古发现，在逐一填补历史的空白。我们期待更多的发现和更多的研究成果，还象雄一个接近真实的面貌。

坍塌的遗址、被风雨侵蚀的壁画，美丽却令人心碎。

象雄遗址急需保护

党中央、国务院和国家文物局高度重视西藏的文物保护工作。在自治区党委、政府的大力支持下，阿里地区的文物保护工作不断有新的进展，取得了一定成效。各级文物管理部门先后进行了几次文物普查，对托林寺、古格王国都城遗址、普兰科迦寺、东嘎皮央洞窟遗址等一批重点文物进行了维修保护，并在象泉河流域进行了几次较大规模的考古调查。但是，由于起步晚、欠账多、自然条件恶劣等多方面原因，阿里地区文物保护工作的现状仍不能让人十分满意。不少珍贵的遗址人们知之甚少也无人问津，一直裸露在风雨之中。很多精美绝伦的壁画大片大片地剥落甚至倒塌，残存下来的也漫漶不清，令人惋惜，令人痛心。更有太多的珍贵文物残存在阿里各处，遭受不同程度的毁坏侵蚀而无人知晓。

真心希望社会各界人士，无论政府部门，还是专家学者，或者是纷至沓来的游客，都能关注阿里，并尽我们所能保护那里的一切。

这，或许是对象雄时代最好的尊重和追思。

最后的话

写到这里，本书就基本完结了。最后，我还有几句话想说。

第一，对本书的读者表示歉意。我知道书中选的照片有些多，文字也很琐碎，但请原谅我吧。本书选取的300多幅照片，是我从拍摄到的几万幅照片中选出来的，还有更多不为人所知的洞窟、壁画，由于篇幅限制没能入选，我至今还在为此心疼遗憾呢。我太希望这些"养在深闺人未识"的文物重见天日，哪怕只是通过照片！至于文字，水平所限，性情使然，就是这样了，我感到抱歉，但不需解释。

虽然并不完美，但每张照片的产生都是那么艰难而偶然。附上这两张照片，由衷感谢和我一起找寻的朋友们。本书选取的不少照片都是我们集体智慧的结晶，甚至不少时候相机的快门都是他们按下的。

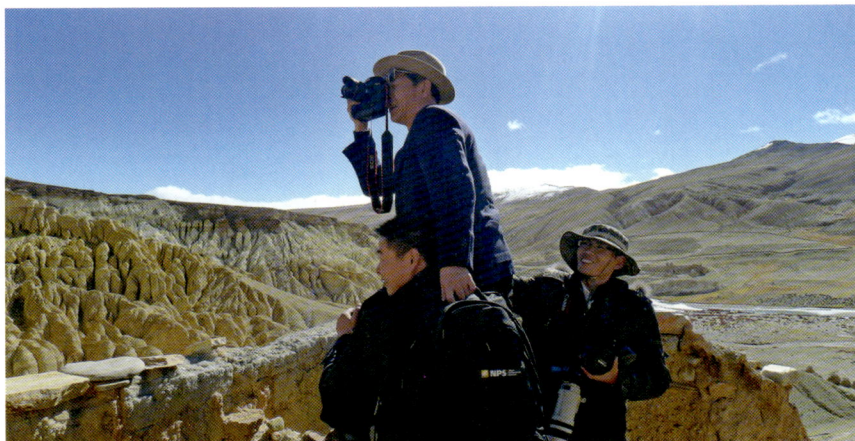

第二，对本书的参与者表示感谢。为了这本书，很多人付出了劳动，虽然他们有的毫不知情。就如同上页照片中的人们，大家挪车搬梯子，一群人忙活半天，只为了看一眼那个洞窟里是什么，并把它拍下来。类似的场面还有很多，我无法向这些认识或不认识的人一一表达感谢，只好在这里一并谢了！还有很多提供无私帮助和建议的好朋友，以及参与本书编辑、出版、发行的人们，原谅我不再一一列出，在这里一并表示感谢！

第三，希望我们热爱并珍惜象雄，以及那个年代留下的一切。实地踏访的过程中，我深切地感受到那些深邃庞大的洞穴是那么珍贵，又是那么脆弱。它们隐藏了无数远古的秘密，可又面临倒塌消亡的危险。无论是专业的历史考古工作者，还是像我这样的业余爱好者，我都希望你们能用自己的力量去保护、去研究，去接近象雄的天空。当然，猎奇的破坏者请止步！

最后，我选取了一组照片作为本书的结束，他们是我在阿里遇到的人，有的熟悉，有的叫不上名字，有的素不相识。但他们都是象雄的子孙，他们的笑容，他们的快乐，他们的坚定，令我肃然起敬。

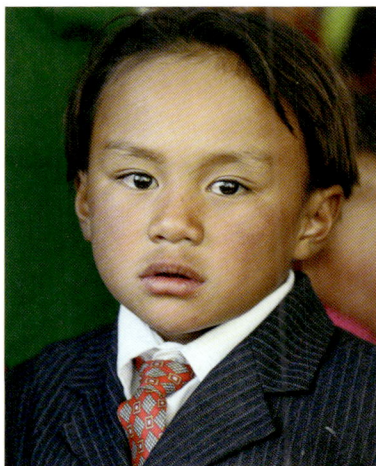

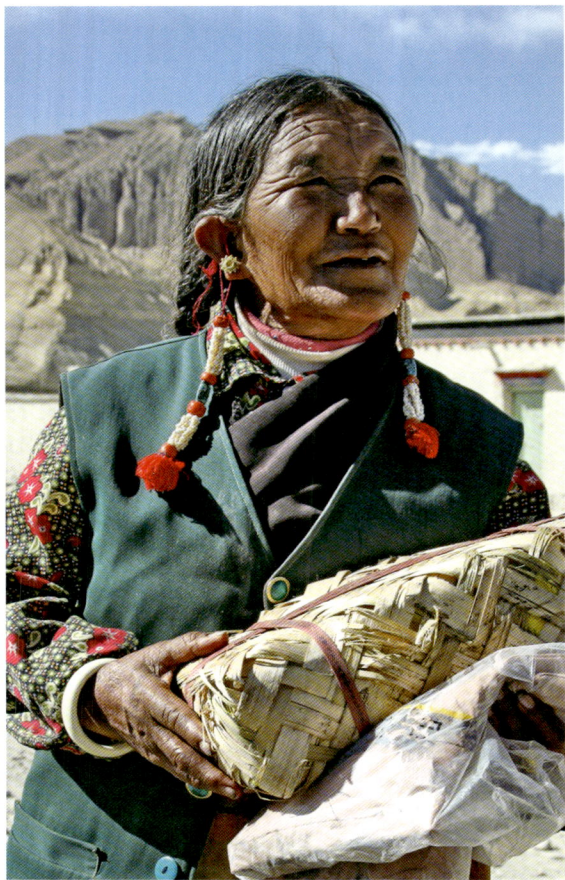
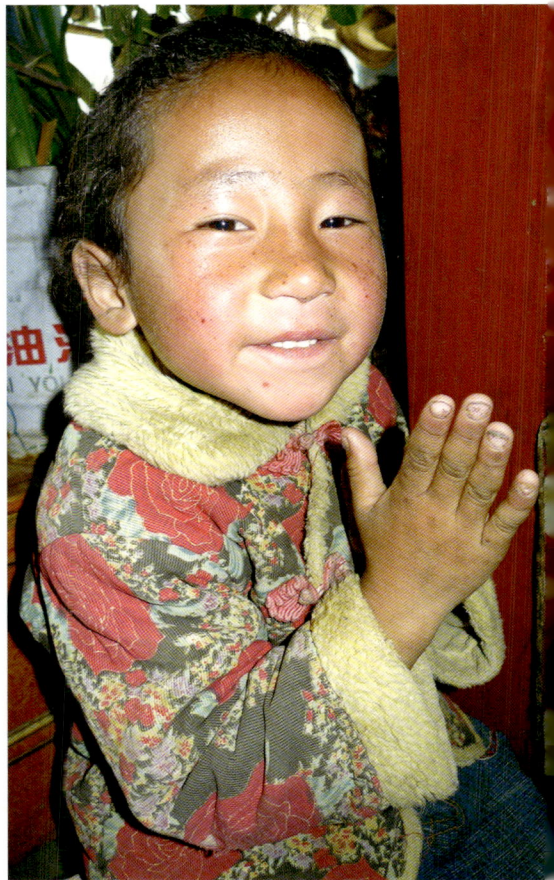